Kiper
Einführung in die Schulpädagogik

Die Reihe »Beltz Studium« wird herausgegeben
von Jürgen Oelkers und Klaus Hurrelmann.

Wissenschaftliche Redaktion: Christian Palentien

Hanna Kiper

Einführung in die Schulpädagogik

Beltz Verlag · Weinheim und Basel

Dr. phil. habil. *Hanna Kiper*, Jg. 1954, ist Professorin für
Schulpädagogik mit dem Schwerpunkt »Theorie und Praxis
des Sekundarbereichs I« an der Carl von Ossietzky-Universität
Oldenburg.

Für Martin, Jannis und Anjo

Gesetzt nach den neuen Rechtschreibregeln
Lektorat: Peter E. Kalb

© 2001 Beltz Verlag · Weinheim und Basel
http://www.beltz.de
Herstellung: Klaus Kaltenberg
Satz: Satz- und Reprotechnik GmbH, Hemsbach
Druck: Druckhaus Beltz, Hemsbach
Umschlaggestaltung: Federico Luci, Köln
Umschlagfoto: Bavaria Bildagentur, Gauting
Printed in Germany

ISBN 3-407-25240-4

Inhaltsverzeichnis

Einführung

In diesem Kapitel verdeutliche ich die verschiedenen Auffassungen von Schulpädagogik (Praktische Pädagogik, Berufswissenschaft für Lehrerinnen und Lehrer, Teildisziplin der Erziehungswissenschaft und Integrationsdisziplin) und skizziere die Etablierung der Schulpädagogik an den Universitäten. Es werden Inhalte der Schulpädagogik vorgestellt. Abschließend gebe ich einen Überblick über Zielsetzung und Aufbau dieses Bandes.

Das Studium der Erziehungswissenschaft im Rahmen der Lehrerausbildung teilt sich in ein Studium der Allgemeinen Pädagogik und der Schulpädagogik. In diesem Band geht es um einen ersten Einblick in die Schulpädagogik, in ihre Fragestellungen und Inhalte. Die Schulpädagogik als *wissenschaftliche* Disziplin entstand in der Bundesrepublik etwa zwischen 1950 und 1970 an den damaligen pädagogischen Hochschulen. Wissenschaftshistorisch gesehen, handelte es sich bei der Entstehung der Schulpädagogik um eine Ausgliederung bereichsspezifischer Fragen aus der Allgemeinen Pädagogik. Heute wird die Schulpädagogik als eine Teildisziplin der Erziehungswissenschaft (neben Allgemeiner, Historischer und Vergleichender Pädagogik, Sozialpädagogik, Sonderpädagogik, Berufs- und Wirtschaftspädagogik, Erwachsenenbildung und Vorschulpädagogik) begriffen (vgl. Lenzen 1989, S. 1112). Schulpädagogisches Wissen spielt ein wichtige Rolle in der ersten und zweiten Phase der Lehrerausbildung, zunehmend auch in der Berufseinstiegsphase und in der Fort- und Weiterbildung für Lehrerinnen und Lehrer.

Es lassen sich unterschiedliche Vorstellungen von Schulpädagogik ausmachen: Die Schulpädagogik erscheint vornehmlich im 16. bis 19. Jahrhundert als allgemeine Unterrichtslehre und praktische Pädagogik.

»Praktische Pädagogik wird (...) verstanden als ›Meisterlehre‹, die
›erfahrene‹ Schullehrer an unerfahrene weitergeben. Es fehlt jede
wissenschaftliche Reflexion (...). Praktische Pädagogik beschränkt
sich auf Handlungsanweisungen und versteht Unterrichten als
Kunst, die weniger durch rationale Klärung als durch Gefühl für
das Richtige sowie durch vorwissenschaftliches Überzeugungswis-
sen gekennzeichnet ist.« (Einsiedler 1978, S. 14)

In Wilhelm Reins »Pädagogik« findet sich ein Verständnis von
Praktischer Pädagogik, wonach diese als philosophische Betrachtung der praktischen Verhältnisse, unter denen Erziehung stattfinden kann, gefasst wird. Praktische Pädagogik untersucht die Formen der Erziehung (hier die Einzelerziehung [als private und öffentliche Erziehung] und die Massenerziehung [als private und
öffentliche Erziehung], also Haus-Erziehung, Anstaltserziehung
und Schulerziehung und die Schulverwaltung [Verfassung, Ausstattung, Leitung und Lehrerbildung]) (vgl. Rein 1900, S. 17f.).
Die Schulpädagogik erscheint als *Berufswissenschaft von Lehre-*
rinnen und Lehrern (Keck/Sandfuchs 1994), als eine auf die Praxis
bezogene Handlungstheorie, als Theorie einer Praxis für die Praxis.

»Im Zentrum schulpädagogischen Denkens steht die Reflexion
über ein an unterrichtliche Bedingungen gebundenes öffentliches
Handeln in pädagogischer Absicht, das mit Blick auf seine Bedin-
gungen (Schule, Schulklasse, Lehrplan) hinsichtlich seiner Mög-
lichkeiten und Notwendigkeiten analysiert, diskutiert und er-
forscht werden soll. (...) Die Schulpädagogik ist (...) die Theorie
des pädagogisch orientierten Handelns im Feld schulischer Sociali-
sation.« (Apel/Grunder 1995, S. 10)

Heinrich Roth definiert die Schulpädagogik als *»eigenakzentuierte*
pädagogisch-wissenschaftliche Disziplin« (Roth 1967, S. 297f.). Wolfgang Einsiedler fasst den Begriff Schulpädagogik als Bezeichnung
für eine *pädagogische Wissenschaft,* die sich mit der Theoriebildung
über Schule und Unterricht befasst (vgl. [3]1978). 1991 (S. 212) beschreibt er sie als *Teildisziplin der Erziehungswissenschaft:*

»*Schulpädagogik ist eine Spezialdisziplin der Erziehungswissenschaft, deren Forschungsinteresse auf das Unterrichten und Erziehen in der Institution Schule zentriert ist. Die Schulpädagogik entwickelt die Theorie des Unterrichts im Rahmen einer Theorie der Schule. Eine Hauptfragestellung ist auf die wechselseitige Beziehung zwischen Aussagen der Schul- und Unterrichtstheorie einerseits und pädagogisches Handeln in der Schulpraxis andererseits gerichtet. Die Schulpädagogik bedarf sowohl der hermeneutischen Methode zur Reflexion normativer Zusammenhänge als auch der empirischen Theoriebildung und Wirkungskontrolle.*«

Quer dazu steht eine Auffassung von der *Schulpädagogik als interdisziplinärem Bereich*, der aus der Perspektive verschiedener Disziplinen (Psychologie, Soziologie, Recht, Politologie, Ökonomie, Ökologie, Geschichtswissenschaft, Erziehungswissenschaft) zu erforschen wäre (vgl. Jörg 1970, S. 13). Aus dieser Perspektive erscheint die Schulpädagogik als *Kooperations- und Integrationswissenschaft*, die verschiedene Aspekte bündelt.

Was zu den wichtigen Inhalten der Schulpädagogik gerechnet wird, unterliegt einem Prozess der Erweiterung und Ergänzung. Klink benennt folgende Gebiete: »Theorien der Schule«, die »Geschichte der Schule und des Unterrichts«, »Theorie der Bildung und der Bildungsinhalte (Didaktik)«, »Theorien des Lehrens, Lernens und des Schullebens (Unterrichtstheorie)«, die »Pädagogik der Schulstufen und -formen«, »Arbeitsverfahren der einzelnen Unterrichtsfächer und ihre didaktische Erhellung« und »Schulpolitik, -organisation, -recht und -bau« (Klink 1995, S. 177).

Wolfgang Einsiedler benennt folgende Inhalte: »Theorie der Schule«, »Schulorganisation und Schulformen«, »Sozialisation in der Schule, Schulleben«, »Theorie des Lehrerberufs, Lehrerrolle«, »Schülerverhalten, Schülerrolle«, »Grundlagen und Theorien der Didaktik«, »Lehrplan- und Gegenstandstheorie«, »Theorie des Lehrens«, »Mediendidaktik und Unterrichtstechnologie«, »Unterrichtsanalyse, Unterrichtsforschung, Unterrichtsplanung« (Einsiedler [3]1978, S. 29f.).

In den 1990er-Jahren wird die Schulpädagogik unter Rückgriff auf Sozialisationstheorien sowie Ergebnisse der Kindheits- und Jugendforschung erweitert; Ergebnisse der Frauen- und Geschlechterforschung werden in die Schulpädagogik implementiert (vgl. Glumpler 1992, 1993, 1995; Nyssen 1995; Kampshoff/Nyssen 1999). Dieser Band führt in grundlegende Diskussionen in der Schulpädagogik ein. Er widmet sich im Kapitel *Grundformen professionellen Handelns von Lehrerinnen und Lehrern* ausgewählten Handlungsformen im Lehrerinnen- und Lehrerberuf. Das Kapitel zur *Theorie der Schule* führt ein in einen Kernbereich schulpädagogischer Diskussion. Nach einer ersten Definition werden verschiedene, an wissenschaftstheoretischen Positionen angelehnte Perspektiven auf die Schule entwickelt und pädagogische Schultheorien entfaltet. Anschließend wird die radikale Schulkritik Ivan Illichs vorgetragen, um sie daraufhin zu befragen, ob sie einen Beitrag zu einer Theorie der Schule leistet. Im Kapitel *Wege zur Erneuerung und Reform von Schule* werden verschiedene Strömungen einer gemäßigten Schulkritik aufgenommen, die in die Forderung nach einer verbesserten Schule einmünden. Dabei werden die politische Schulkritik und das Erkämpfen bekenntnisfreier Schulen, die reformpädagogische Schulkritik und die Gründung von Reformschulen in der Weimarer Republik, die gesellschaftskritisch-alternative Schulkritik der Schüler-, Studenten-, Kinderladen- und Frauenbewegung und die Gründung von Freien Schulen bzw. staatlichen Versuchsschulen in der Bundesrepublik Deutschland der 1970erJahre vorgestellt. Kamen in diesem Kapitel vor allem Einzelschulen in den Focus der Betrachtung, wird im Kapitel *Das Bildungssystem in der Bundesrepublik Deutschland* ein erster Einblick in die Schulen des Bildungssystems gegeben. Es folgt eine Diskussion der Auseinanderentwicklung verschiedener Bildungslandschaften, die in Vorschlägen zur Entwicklung teilintegrierter Schulangebote mündet. Im Kapitel *Einführung in die Allgemeine Didaktik* wird ein kurzer Überblick über die Didaktik und ihre Teilgebiete gegeben. Dazu wird exemplarisch ein didaktisches Modell vorgestellt, um abschließend auf Unterrichtsstörungen als Thema in didaktischen Modellen einzugehen. Im Kapitel *Methoden des Lehrens* wird ein Überblick über die Diskussion von Unterrichtsmethoden gegeben. Im letzten Kapitel geht es um *Geschlechterforschung in der Schulpädagogik*.

Grundformen professionellen Handelns von Lehrerinnen und Lehrern

Ich verdeutliche in diesem Kapitel die Komplexität und Vielfalt des pädagogischen Handelns in der Schule. In meine Darstellung nehme ich – neben akzeptierten Aufgaben der Lehrkräfte – auch Grundformen auf, die umstritten sind. Die Auseinandersetzung mit dem pädagogischen Handeln hilft bei einer Vergewisserung über die Lehrertätigkeit und beim Entfalten eines eigenen Selbstverständnisses. Ich nenne folgende Grundformen: Erziehen, Unterrichten bzw. Lernprozesse organisieren, Entwickeln und Erneuern von Curricula, Diagnostizieren, Leistung messen und beurteilen, eine Lerngruppe leiten, Schulleben gestalten, Partizipation der Schülerinnen und Schüler befördern, mit Eltern kooperieren, sich an der Schulentwicklung beteiligen, Beraten, Helfen, biographische und Beziehungskompetenz entfalten, sich fortbilden, berufspolitische Interessen vertreten und eine Berufsethik formulieren.

Pädagogisches Handeln findet in einem gesellschaftlichen Zusammenhang statt und ist gesellschaftlichen Normen und Werten verpflichtet.

»Es soll dazu beitragen, das Überleben, den Bestand und die Evolution der Gesellschaft zu ermöglichen, dadurch, dass es die Gesellschaftsmitglieder (…) sozialisiert, integriert, qualifiziert, persönlich entwickelt, aber auch selektiert, stigmatisiert oder ›repariert‹. Und über diese funktionalen Leistungen die Loyalität der Mitglieder zu ihrer Gesellschaft fördert.« (Timmermann 1996, S. 141)

Pädagogisches Handeln geschieht durch Menschen und zielt auf Menschen und ist Teil eines pädagogischen Prozesses, dessen Spezifik darin liegt, »dass die Kommunikation asymmetrisch und implizit machthaltig« ist, weil die pädagogisch Handelnden über etwas verfügen (Informationen, Wissen, Fertigkeiten), was die Adressaten noch nicht haben und was ihnen vermittelt werden soll. Beide Partner im pädagogischen Prozess sind durch spezifische Motive zur Teilnahme veranlasst. Pädagogisches Handeln ist an Zielen orientiert. Es unterliegt sachlich, zeitlich und räumlich konkreten situativen Bedingungen.

Erziehen

Erziehen ist eine fundamentale Tatsache des menschlichen Lebens.

»*Ihre Notwendigkeit beruht im Wesentlichen darauf, dass Neugeborene ohne Fürsorge und Hilfe Erwachsener nicht überleben können. Dies gilt im biologischen wie im kulturellen Sinne; denn die jeweilige Kultur, in die ein Mensch hineingeboren wird, stellt hohe Anpassungsforderungen, und um in ihr leben zu können, bedarf das Kind der ständigen Unterstützung und Ermunterung, aber auch der Führung und Kontrolle.*« (Giesecke 1996, S. 29)

Erziehen (als Grundbegriff der Pädagogik) bezeichnet nicht nur eine Beziehung zwischen zwei Menschen, sondern die Einwirkung eines älteren Menschen auf einen jüngeren mit dem Ziel der (länger oder kürzer bewirkten) Verhaltensänderung. Erziehung, die sich von Dressur, Drill oder Abrichtung unterscheidet, steht im Dienst des Kindes oder Jugendlichen und soll der Selbstwerdung und dem Mündigwerden des Heranwachsenden dienen. In der Regel werden *Selbsterziehung* und *Fremderziehung* entgegengesetzt. Bei der *Fremderziehung* unterscheidet man die *intentionale* (absichtliche) und die *funktionale* (unabsichtliche) Erziehung. Sehr oft wird die funktionale Erziehung auf Prozesse der Sozialisation bezogen. *Sozialisation* meint den bewussten und unbewussten Prozess, bei dem den Heranwachsenden Orientierungen, Einstellungen, Wertvorstellungen und Verhaltensweisen der Gesellschaft vermittelt werden.

Bezogen auf die Frage, ob Lehrkräfte erziehen sollen, stehen sich zwei Auffassungen gegenüber. Die *eine* geht davon aus, dass heute

Lehrerinnen und Lehrer Erziehen nicht mehr als ihre Aufgabe anzusehen hätten. Hermann Giesecke behauptet, dass die Bedingungen für schulisches Erziehen nicht mehr gegeben seien. Erziehung setze kollektive Selbstverständlichkeiten voraus, die heute nicht mehr vorhanden seien. Weil der Erziehungsbegriff auf die Formung der gesamten Persönlichkeit ziele, beruhe er auf einem (geschlossenen) Menschenbild mit spezifischen weltanschaulichen Implikationen. Lehrkräfte sollten sich nicht in »Erziehung« versuchen, sondern sich auf das Unterrichten konzentrieren; gefragt seien begrenzte Interventionen, Verhaltenskorrekturen, Regelvermittlungen und Grenzsetzungen (vgl. Giesecke [6]1997). Die *andere* Position geht davon aus, dass dem Elternhaus wie der Schule eine erziehende Aufgabe zukomme. Gerade diejenigen, die den Funktionsverlust des modernen Elternhauses bedauern und betonen, dass durch die Wissenschaftsorientierung des Unterrichts die Ausbildung von Normen und Werten vernachlässigt würde, fordern die Wahrnehmung erzieherischer Aufgaben durch die Schule ein. Peter Struck geht davon aus, dass heute mehr denn je der Schule eine Erziehungsaufgabe zukomme, da eine sich stark wandelnde Familie und eine in Bezug auf allgemein gültige Normen verunsicherte Öffentlichkeit erziehungsuntüchtig seien (vgl. Struck 1980, S. 9).

In Anlehnung an Hermann Giesecke können unterschiedliche Modelle einer pädagogischen Beziehung unterschieden werden:

- Das *erste Modell* ist am Vorbild der Familie orientiert (*Familien-Modell*). Der Erzieher, Lehrer, Meister oder Vorgesetzte orientiert sich am Vater (und an der Mutter) und versucht, väterlich resp. mütterlich mit dem Zögling umzugehen. Auch das Leitbild vom Erzieher als »Anwalt des Kindes«, ein »Kernstück pädagogischer Berufsideologie« sei daran orientiert. Es sichere dem öffentlichen Erzieher einen Status zwischen den Eltern und dem Staat und den anderen Erziehungsmächten (Kirche, Wirtschaft, Medien). Es verleite dazu, einen »Raum« nach eigenen pädagogischen Normen und Regeln zu gestalten. Als Erziehungsmittel kommen vor allem Gewähren, Loben, Belohnen, Ignorieren, Tadeln, Bestrafen und Liebesentzug zur Anwendung (vgl. Giesecke 1996, S. 34; [6]1997, S. 113).

- Das *zweite Modell* ist der reformpädagogischen Tradition verpflichtet. Es versucht, die Gleichaltrigengruppe als *Erziehungsgemeinschaft* unter dem Einfluss erwachsener Pädagogen für den Erziehungsprozess fruchtbar zu machen. In der Lebensgemeinschaft der Kinder und Jugendlichen mit ihren erwachsenen Erzieherinnen und Erziehern als »geschlossener Gesellschaft« sollen Erziehungs- und Sozialisationseinflüsse kanalisiert und erzieherisch umgesetzt werden. In dieser Sicht geht es darum, Erziehung durch eine möglichst einheitliche Gestaltung der Einflüsse (Ausbau des Schullebens, Ganztagsbetrieb, Reduktion des Fernsehkonsums) zu ermöglichen. Erziehungsmittel im Kontext der Erziehungsgemeinschaft sind Spiel, Arbeit, Gespräch, Feier, Disziplinargericht, Kinder- und Jugendparlament, Klassenrat etc. (vgl. Giesecke [6]1997, S. 114)
- Das *dritte Modell* akzeptiert die Vielfalt der Erziehungsmächte und geht von pluralen erzieherischen und sozialisatorischen Einflüssen aus. Hermann Giesecke konzipiert *eine distanzierte, partikulare soziale Beziehung,* die zum Zweck der Beförderung des Lernens eingegangen werde. Sie sei emotional nicht aufgeladen, sondern prinzipiell von jedem eingehbar, der den zugrunde liegenden Lernzweck anerkenne. Sie sei auf die Dauer dieses Zwecks begrenzt und somit auf Auflösung hin angelegt. Er charakterisiert sie mit dem Begriff »Partnerschaft« ([6]1997, S. 117). Sie sei bestimmt von einem höflichen, respektvollen und toleranten Umgang auf der Basis von Gleichrangigkeit. Pädagogische Einwirkung geschehe in Form von Gespräch, Ermutigung, Beratung, Erinnerung etc.

Unterrichten

Jede Gesellschaft ist darauf angewiesen, an ihre Mitglieder systematisch Wissen, Kenntnisse und Kulturinhalte zu vermitteln. Dies geschieht in arbeitsteilig organisierten, hoch entwickelten Industriegesellschaften systematisch und geplant durch Unterricht in eigens dafür eingerichteten Institutionen (in allgemein bildenden Schulen, Berufsschulen, Volkshochschulen etc.) und durch speziell dafür ausgebildete Personen (Lehrerinnen und Lehrer). Unterrichten – als Grundform pädagogischen Handelns – ist geplantes, systematisches, methodisches und zielgerichtetes Unterweisen lernbedürftiger Kinder, Heranwachsender und Erwachsener.

> *»Der Schwerpunkt der Tätigkeit des Lehrers liegt im Unterrichten, d.h. in der Planung, Vorbereitung und Gestaltung des Unterrichts sowie der Nachbereitung im Sinne einer gezielten Weiterarbeit.«* (Koller 1980, S. 80)

Der schulische Unterricht erfolgt in der Regel in Unterrichtsstunden, die eine festgelegte Dauer haben (meist 45 Minuten). Er findet häufig an festgelegten Orten (in Klassenzimmern oder Fachräumen) statt. Am Unterricht sind eine bestimmte Anzahl Schülerinnen und Schüler und meist eine Lehrkraft beteiligt. Die Lernenden lösen sich aus realen Lebenszusammenhängen und begegnen sich in einer bestimmten Sozialsituation. Der organisierte Unterricht bietet die Chance, die bornierte Unmittelbarkeit der Lebenssituationen zu überschreiten, in Distanz zu Alltagsproblemen, mit Muße und orientiert an der Zukunft zu lernen.

Unterrichten zielt auf die Vermittlung von Wissen und auf das Entwickeln kognitiver, sozialer und instrumenteller Fertigkeiten. Es erfolgt in der Regel als »symbolische Vermittlung«, d.h., die Gegenstände und Inhalte des Lernens werden meist nicht in ihren natürlichen oder sozialen Einbettungen aufgesucht. Der Unterricht wird als »Fachunterricht« erteilt, d.h., die Systematik der Unterrichtsfächer ist wesentlicher Ausgangspunkt für seine Planung und Durchführung. Diese findet sich in den Richtlinien oder Lehrplänen, die für die verschiedenen Schulformen und Schulstufen je unterschiedlich konkretisiert werden.

Die ausgebildete Lehrkraft stützt sich bei der Planung, Durchführung und Analyse von Unterricht auf die Didaktik (Theorie des Unterrichts). Unterrichtsplanung beschäftigt sich mit zukünftigem Unterrichtshandeln. Sie geschieht in größeren Zeiteinheiten. Dabei werden die Ziele und Inhalte für ein Jahr (Halbjahr), einen Monat, eine Woche bzw. für einen Tag für ein Fach oder eine Fächergruppe bzw. für eine Lerngruppe festgelegt. Die Planung des unterrichtlichen Handelns für kleinere Einheiten (z.B. eine Unterrichtseinheit, eine Unterrichtsstunde oder eine Unterrichtssequenz) kann sinnvoll nur auf dem Hintergrund einer übergeordneten Planung geschehen. Unterrichtsplanung umfasst *in zielanalytischer Hinsicht* die Festlegung von Lehrzielen, die in aufeinander abgestimmten Schritten angestrebt werden; *in inhaltlicher Hinsicht* die Festlegung einer Folge von Lernsequenzen; *in zeitlicher Hinsicht* die kleinschrittige Festlegung von Phasen, Stufen oder Unterrichtsschritten. Sie umfasst *in methodischer Hinsicht* die Gestaltung des Raumes, die Wahl von Arbeits- und Sozialformen (Einzelarbeit, Partnerarbeit, Gruppenarbeit) sowie die Festlegung von Lehr- und Lernverfahren (Vortrag, Gespräch, Experiment, Textarbeit). Unterricht vollzieht sich im Spannungsfeld zwischen den festgelegten Zielsetzungen und situationsnotwendigen und -angemessenen Improvisationen. Die Analyse von Unterricht beschäftigt sich mit dem tatsächlich realisierten Handeln im Unterricht. Sie wird wiederum zum Ausgang für die Planung neuer Unterrichtsprozesse. Unterrichten ist eingebunden in eine Institution. Deren jeweiliges Organisationsmodell hat Rückwirkungen auf die äußere und innere Gestaltung des Unterrichts.

In jüngster Zeit werden Lehrkräfte weniger als »Unterrichtende«, sondern als *Organisatoren/Organisatorinnen von Lernprozessen* in den Blick genommen. Lehrerinnen und Lehrer haben die Aufgabe, Lernarrangements zu planen und anzubieten, also Lernsituationen herzustellen.

»Mit dem Begriff des Lernarrangements folgt man der Intention, Lernende und potenzielle Lerngegenstände in einem didaktischen Spannungsfeld aneinander geraten zu lassen. Lernen heißt dann, nicht nur Fertiges zu übernehmen, sondern Fragen zu stellen, Probleme zu sehen, Lücken zu entdecken, Sinn zu erfassen, Beziehungen zu finden, Trends zu sehen, Regeln zu formulieren, Phänomene zu entdecken, Sachverhalte zu erforschen. Lernarrangements sind je unterschiedlich strukturierte Zusammenhänge von Problemen-, Fragestellungen, Informationsbereitstellungen, Medienangeboten und Lernberatung, Lehrer/innen werden mehr zum Lernplaner, Lerndramaturgen, Arrangeur.« (Bönsch 1994, S. 344)

Entwickeln und Erneuern von Curricula

Die Lehrplan- oder Curriculumtheorie beschäftigt sich mit Auswahl und Anordnung der Inhalte. Die Entwicklung von Curricula dient der *Legitimation* der ausgewählten Inhalte. Darunter wird die konsensfähige Begründung der Lehrpläne, ihrer Zielsetzungen und Inhalte und der Verfahrensweisen ihrer Entwicklung verstanden. Unter *Partizipation* werden Verfahren der Beteiligung (nicht nur) von Lehrerinnen und Lehrern an ihrer Entwicklung subsumiert. Unter *Institutionalisierung* fasst man ihre Einfädelung (über Richtlinien, Lehrpläne, Curriculumpakete, Lehrbücher, Schülerarbeitshefte) in die Schulpraxis. Richtlinien, Lehrplänen und Curricula werden drei Aufgaben zugewiesen. Sie dienen der Anregung und Orientierung, der Entlastung sowie der Steuerung und Kontrolle. Ihre *Anregungs- und Orientierungsfunktion* ergibt sich aus der Festlegung eines Bezugsrahmens für inhaltliche Entscheidungen, für die Planung des Unterrichtsangebotes der Einzelschule, für die Unterrichtsplanung durch die einzelnen Fachlehrer, durch die Informationsmöglichkeit der Eltern, Schüler und der interessierten Öffentlichkeit und für die Entwicklung von Lehr- und Lernmitteln. Ihre *Entlastungsfunktion* erklärt sich aus der Hilfe für Entscheidungen und Begründungen, aus der Bereitstellung von Zielen, Inhalten und Materialien, sodass nicht in jedem Einzelfall eine weit reichende und zeitaufwendige Planung durch jede einzelne Lehrkraft zu leisten ist. Die *Steuerungs- und Kontrollfunktion* zielt darauf, für alle Schülerinnen und Schüler bestimmter Schulstufen einen ausreichenden Bestand an gemeinsamen Lernerfahrungen (durch die Formulierung von Mindestanforderungen und die Beschreibung der Abschlussniveaus) bereitzustellen, sodass eine Vergleichbarkeit schulischer Lernergebnisse eröffnet wird. Unter *geschlossenen Curricula* versteht man Materialpakete, die eine Art vorfabrizierten Unterricht enthalten und die – bei eng geführter Anwendung – Lehrerfolg versprechen. Sie wurden kritisiert, weil sie durch die vorgeplante Steuerung Lehrkräfte wie Kinder und Jugendliche entmündigten. *Offene Curricula* zielen auf Unterrichtsarrangements, die es Lehrkräften sowie Lernenden ermöglichen, eigene Bedürfnisse und Interessen einzubringen und situative Bedingungen zu berücksichtigen. Jedoch fühlen sich viele Lehrkräfte durch offene Curricula überfordert. Zur Sicherung der als notwendig erkannten Balance zwischen Freiheit und Bindung wird ein dreiteiliger Aufbau der Curricula empfohlen.

»Der erste Teil sollte die gesetzlich festgelegten allgemeinen Bildungs- und Erziehungsziele und ihre Begründung sowie die speziellen Ziele der einzelnen Schulformen, -stufen und -fächer und – als Fundamentum oder ›Basiscurriculum‹ – die für alle Schüler einer Jahrgangsstufe verbindlichen Mindestanforderungen enthalten und damit der Steuerungs- und Kontrollfunktion genügen. Ein zweiter Teil hätte als ›Additum‹ in der Form eines Kriterienkatalogs für die Auswahl weiterführender Inhalte mit erhöhtem Anspruchsniveau und einer entsprechenden Materialsammlung die adäquate Füllung des notwendigen Entscheidungsfreiraums sicherzustellen. Der dritte Teil sollte als ›Handreichung‹ mit einer Reihe ausgeführter unverbindlicher Planungsbeispiele die Umsetzung des Lehrplans im Unterricht erleichtern.« (Zimmermann 1986, S. 120)

In den 1990er-Jahren wurde darüber nachgedacht, wie Richtlinien und Lehrpläne das Planungs- und Unterrichtshandeln von Lehrkräften bestimmen. Dabei stellte man fest, dass bei folgenden Gelegenheiten intensiv auf die Rahmenpläne zurückgegriffen wird:

- wenn sie eingeführt werden,
- im Rahmen der Referendariatsausbildung,
- beim Einstieg in die Lehrertätigkeit,
- bei der Übernahme einer neuen Klassenstufe oder eines (nicht studierten und bisher unterrichteten) Faches,
- bei der Planung von »Vorführstunden« und
- wenn Unterrichtshandelns nach außen (z.B. gegenüber Eltern) legitimiert werden muss.

Im alltäglichen Planen und Gestalten des Unterrichts scheint den in den Klassen eingeführten Schulbüchern, weiteren Schulbüchern und Unterrichtsmaterialien, Beiträgen in fachwissenschaftlichen

Zeitschriften und Büchern sowie selbst hergestellten Unterrichtsmaterialien eine größere Bedeutung als den Rahmenrichtlinien zuzukommen (vgl. Vollstädt 1995).

Die Forderung nach Beteiligung der Lehrkräfte an der Weiterentwicklung der Richtlinien und Lehrpläne, nach einer »schulnahen Curriculumentwicklung«, wird in jüngster Zeit erneut gestellt, sollen doch – im Rahmen einer Schulprogrammentwicklung – Lehrkräfte Entscheidungen darüber treffen, welche curricularen Schwerpunkte (neben dem Kerncurriculum) in einer Schule angeboten und akzentuiert werden (vgl. Bildungskommission NRW 1995, S. 147). Daher scheint es geboten, die Entwicklung von Planungs- und Gestaltungskompetenz sowie die Fähigkeit zum Fällen curricularer Entscheidungen in der Lehreraus- und -weiterbildung gezielt zu fördern.

Pädagogisches Diagnostizieren

Eine Diagnose bezeichnet

> »eine Bewertung aufgrund präziser, begründeter Fragestellung mithilfe kontrollierter und theoriegeleiteter Datenerhebung und (...) einer argumentativen Urteilsbildung unter Experten. Diagnose bedarf der Kenntnis eines Standardzustandes oder eines Normalverhaltens, das Erkennen bestimmter Normabweichungen und der systematisierenden Synthese zu klaren Zustandsbildern« (Kleber 1996, S. 105).

In pädagogischen Zusammenhängen lassen sich drei große Entwicklungslinien unterscheiden. Die Selektionsdiagnostik konzentriert sich auf die Entwicklung und Verbesserung von Methoden zur Verbesserung von Tests. Tests werden z.B. eingesetzt, um die »Schulreife« resp. »Schulfähigkeit« festzustellen (vgl. Mandl 1981), aus Anlass der Überprüfung bei Überweisungen zur Sonderschule oder bei der Festlegung von Gutachten beim Übergang zu weiterführenden Schulen. Eine wichtige Rolle spielen Fragen der Bewertung von Lernerfolgen. Eine Diagnose soll

»vor allem folgende Maßnahmen ermöglichen: 1. Selbst- und Fremdkorrektur falscher Lernergebnisse. 2. Ausgleich von Defiziten in schon angebotenen, aber noch nicht beherrschten curricularen Bestandteilen. 3. Bestätigung erfolgreicher Lernschritte. 4. Planung der folgenden Lernschritte. 5. Angemessene Motivierung durch Hinweise auf Lernerfolge und durch Steuerung des Schwierigkeitsgrades der nächsten Lernschritte. 6. Gestaltung der Lernumwelt, um die Voraussetzungen für den Lernerfolg zu verbessern.« (Ingenkamp 1981, S. 309).

Eine *didaktisch orientierte Diagnostik* will individuelle Lernvoraussetzungen aufschlüsseln, um adaptive Unterrichtsmaßnahmen planen und durchführen zu können. Dazu gehören individuelle didaktische Differenzierungsentscheidungen.

»Die Lernwegdifferenzierung sorgt dafür, dass die einzelnen Curriculumeinheiten den individuellen (…) Lernvoraussetzungen entsprechend angeordnet werden. Unabhängig von diesem Problem lässt sich bei jeder einzelnen Curriculumeinheit die Frage stellen, nach welcher Methode der Lehrstoff dieser Einheit vermittelt werden soll. Dahinter steht die generelle These der didaktischen Differenzierung, dass je nach Konstellation der Lernvoraussetzungen unterschiedliche Methoden anzuwenden sind, um den individuell besten Lernerfolg zu garantieren.« (Mandl 1981, S. 218)

Die *Förderdiagnostik* versucht, das ökosoziale Gefüge eines Kindes oder Jugendlichen in seinen Rückwirkungen auf das schulische Lernen zu berücksichtigen. Neben Tests treten biographische Anamnesen, Verhaltensbeobachtungen innerhalb und außerhalb des Unterrichts, Gespräch und informelle Verfahren. Ziel ist es, Erkenntnisse über den aktuellen Lernstand eines Kindes zu gewinnen mit dem Ziel, Fördermaßnahmen zu konzipieren, um Lernschwierigkeiten zu überwinden. *Strukturbezogene Ansätze der Diagnostik* zielen darauf, die inneren Handlungspläne eines Kindes zu rekonstruieren. Dabei wird versucht, die (auch falschen) Lösungswege, die eine Schülerin oder ein Schüler wählt, zu verstehen, um für didaktische Konzeptionen Hilfen zu gewinnen (vgl. Lorenz 1993).

Leistung messen und beurteilen

Eine weitere Aufgabe von Lehrerinnen und Lehrern liegt in der Erzeugung und Entwicklung, in der Überprüfung und Beurteilung von Schülerleistungen. Die Leistungsmessung und -beurteilung orientiert sich an je unterschiedlichen Bezugsnormen, nämlich an der *sozialen Norm*, nach der die Leistungen des Einzelnen in ihrem Verhältnis zur Leistung einer Gruppe (Schulklasse, Kurs) gemessen werden, an der *kriterialen Norm*, nach der in die Beurteilung einzig fachlich-sachliche Anforderungen eingehen (hier wird eine Leistung unabhängig von der Gruppenleistung beurteilt), und an der *individuellen Norm*, nach der der individuelle Lernfortschritt ausschlaggebend für die Bewertung ist. Beurteilungen werden abgegeben in Form von Zensuren oder Lernentwicklungsberichten, in Diagnosebögen, Schülerbegleitbögen zum Lernprozess, in Überweisungs- und/oder Rückmeldebögen.

Den Überprüfungen, Tests und Zensuren kommen verschiedene Funktionen zu. Werner Sacher nennt folgende: Einüben in die Leistungsorientierung der Gesellschaft (Sozialisation), Lernerziehung, Selektion, Legitimation, Kontrolle, Information und Rückmeldung, Lehr- und Lerndiagnose, Prognose und Disziplinierung. Gleichzeitig kritisiert er deren funktionale Überfrachtung (Sacher 1994, S. 14ff.).

Die *Besonderheit schulischer Leistungsmessung* liegt darin, dass die Lehrkraft unmittelbar an der Herstellung der zu messenden Größe beteiligt ist, gehen doch die gemessenen Schülerleistungen vor allem auf ihren Unterricht zurück. Sie bestimmt, was gemessen werden soll, fertigt ihr Messinstrument an (Test, Klassenarbeit), führt die Messung (den Test, die Klassenarbeit) durch und nimmt die Leistungsmessung und Beurteilung vor (Sacher 1994, S. 47). Sacher erörtert die Qualität der Messung von Schülerleistungen durch Lehrkräfte. Unter *Objektivität* der Messung versteht er den Grad, in welchem ihre Ergebnisse unabhängig von der Person des Messenden sind. Gefragt wird danach, ob ein anderer Prüfer zu denselben Ergebnissen käme. Unter *Reliabilität* oder Zuverlässigkeit der Messung versteht er deren Genauigkeit und Sicherheit. Hier geht es darum, inwiefern Sicherheit darüber besteht, dass das Messergebnis den wahren Ausprägungsgrad der Leistung repräsentiert und nicht über Gebühr von Messfehlern verfälscht wird. Unter der *Validität der Messung* versteht er, dass tatsächlich das gemessen wird, was man messen will. Er fasst Forschungsergebnisse zur Messqualität von Schulnoten zusammen und zeigt – bezogen auf die Frage der Objektivität der Messung – Beurteilungsdivergenzen (hinsichtlich der registrierten Fehler, der festgesetzten Höchstpunktzahl, der angewandten Notenschlüssel und der Punktezuteilung für bestimmte Schülerleistungen) verschiedener Lehrer/innen auf. Bezogen auf die Reliabilität kommt er zu dem Ergebnis, dass dieselben Lehrer/innen zu verschiedenen Zeiten (u.a. abhängig von der Reihenfolge der Korrektur) auf dieselben Arbeiten verschiedene Noten geben. Bezogen auf die Frage der Validität der Noten nennt er u.a. deren Abhängigkeit von Bundesländern, Regionen, Schularten und Schulstufen, der jeweiligen Klasse, besonderen Schülermerkmalen (z.b. Geschlecht, Sprachfähigkeit) und der äußeren Formen der Arbeiten. Sacher führt verschiedene Urteilsfehler auf, z.b. Strengefehler (starke Gewichtung auch kleinerer Mängel), Mildefehler, Tendenz zur Mitte (Meidung der Ausnutzung der gesamten Notenskala) und Tendenz zu Extremurteilen (Vergabe von Extremnoten; vgl. Sacher 1994, S. 27ff.).

Karlheinz Ingenkamp (1971) zeigt, dass Zensuren nicht vergleichbar sind. Damit werde dem Versetzungswesen, der Übergangsauslese und dem Berechtigungswesen die Basis entzogen, seien doch erhebliche Notendiskrepanzen in verschiedenen Klassen bei gleicher Leistung festzustellen. Er plädiert für standardisierte Tests und formuliert, dass das deutsche Schulwesen in absehbarer Zeit entscheiden müsse, ob es sich ernsthaft mit diesem Hilfsmittel auseinander setzen oder weiterhin mit der Fiktion der Vergleichbarkeit von Zensuren leben wolle. *Schulkritische Positionen* stellen die Beurteilungspraxis der Schule in einen Zusammenhang mit Schulangst und Schulstress. Sie zielen darauf, die herkömmliche Form der Beurteilung anhand von Zensuren durch eine Orientierung an der Entwicklung des einzelnen Kindes oder Jugendlichen zu ersetzen. Dagegen wird von einer *gemäßigten Richtung* gefordert, Lehrerinnen und Lehrern Beurteilungshilfen zur Verfügung zu stellen.

Eine Lerngruppe leiten

> *»Jede Schulklasse stellt sich (…) als ein Zwangsaggregat von Schülern auf der Grundlage der gesetzlich verankerten Schulpflicht dar. Die Schulklasse als soziales System entsteht erst durch eine gemeinsame Sinnorientierung der Handelnden.«* (Spanhel/Hüber 1995, S. 95)

Spanhel/Hüber beschreiben die Schulklasse als lernendes System, das sich selbst thematisiert, reguliert und weiterentwickelt. Um eine Lerngruppe zu leiten, bedarf es nicht nur des Aufbaus positiver Beziehungen zu einzelnen Schülerinnen und Schülern; notwendig ist das Schaffen einer positiven Atmosphäre, das gemeinsame Besprechen von Problemen und Konflikten, die Durchführung regelmäßiger »Klassengespräche«, in denen wichtige Angelegenheiten miteinander erörtert werden, die Eröffnung von Partizipationsmöglichkeiten und die gemeinsame Freizeitgestaltung (Klassenfeste, Theater-, Kino-, Zirkus- oder Konzertbesuche; Schulfahrt, Schullandheimaufenthalt). Die Leitung einer Schulklasse obliegt der Klassenlehrerin. Die Klassenlehrerin soll sich bemühen, viele Unterrichtsstunden in der eigenen Klasse zu übernehmen, Kurzkontakte zu den Kindern oder Jugendlichen herzustellen, Einzelgespräche und Klassengespräche zu führen, Angebote (z.B. Sprechstunden) zu eröffnen, die es ermöglichen, Vertrauen aufzubauen und Beziehungen zu gestalten. (vgl. Lorenz 1993)

Schulleben gestalten

In der Kritik an einer »verschulten« Schule wird meist die Forderung nach Gestaltung des Schullebens erhoben. Nach Keck/Sandfuchs (1979)

> *»hat Schulleben fünf Aspekte:*
> - *Schulleben bricht den formalisierten Umgang der Schule mit den Lernenden und den Lerngegenständen zugunsten von mehr Lebensnähe auf (Erkundungsstrategien).*

- *Schulleben bezieht Freizeit in die Unterrichtsgestaltung mit ein.*
- *Schulleben ermöglicht Selbstaktivitäten des Schülers durch Öffnung der Raumgegebenheiten (Schülerbibliothek, Medien- und Spielothek, Spiel-, Sport- und Freizeitflächen, Schaukästen, Gestaltung der Wände durch die Schüler).*
- *Schulleben ermöglicht den häufigen Gang aus der Schule heraus in Form von Praktika, Erkundungen, Ausflügen, Fahrten und Lehrspaziergängen.*
- *Schulleben verknüpft die Schule mit anderen Lernorten wie Elternhaus, Schullandheim, Betrieb, Theater, Museum, Bücherei und Kommunikationszentren.*« (Keck/Sandfuchs, zitiert nach Struck 1980, S. 4)

Lehrkräfte, Eltern, Schülerinnen und Schüler wirken beim Gestalten des Schullebens zusammen. Initiativen müssen dabei vor allem von den Lehrkräften ausgehen. *Zur Gestaltung der Schule als Lernumwelt* gehört die bewusste Unterscheidung der Schule in einen Außen- und einen Innenbereich, jeweils gegliedert in Lärm- und Ruhezonen (vgl. Struck 1980, S. 67).

Die gemeinsame Gestaltung der Zeit sei bedeutsam. In der Schule sollten Angebote an Nachmittagen und Abenden entfaltet werden. Solche Angebote können *außerunterrichtliche Neigungskurse* mit Akzentuierung sein.

Darüber hinaus können *Spielenachmittage* veranstaltet oder regelmäßige *Schularbeitenzirkel* angeboten werden. In der Schule sollten gemeinsam *Feste* gefeiert werden wie Jubiläen, Einschulungs- und Entlassungsfeiern, Tanzabende, Sportfeste, Faschingsfeiern, Laternenumzüge etc.

Partizipation der Schülerinnen und Schüler fördern

Zum Schulleben gehört auch die Beförderung von *Partizipation*. Die gemeinsame Gestaltung der Ordnung einer Schule, die Beteiligung an der Regelung ihrer Angelegenheiten kann die Heranwachsenden in demokratisches Denken und Handeln einführen.

Konzepte für die Schülerselbstbestimmung (Einrichtung von Schulversammlungen, eines Schülerparlamentes bzw. eines Schülergerichts) wurden schon zu Beginn des 20. Jahrhunderts diskutiert (vgl. Kiper 1997). Die Aufgabe der Schülervertretung ist eine doppelte: Sie soll die Interessen und Rechte der Schülerinnen und Schüler wahrnehmen und darüber hinaus deren fachliche, kulturelle, sportliche, politische und soziale Interessen fördern. Mitwirkungsorgane der Schülervertretung sind Klassen- bzw. Jahrgangsstufensprecher/innen, die Schülerversammlung und der Schülerrat. Darüber hinaus wirken Schülerinnen und Schüler in Klassen- und Schulkonferenzen mit.

Peter Struck (1980, S. 145f.) nennt (in Anlehnung an Erich Weber 1979) verschiedene Beteiligungsformen bei der Realisierung der Schülermitgestaltung im Rahmen des Schullebens wie Aufstellen und Durchführung der Haus- und Pausenordnung, Schülerlotsenund Schulbushelferdienst, Bereitstellen der Lehr- und Lernmittel, Betreuung der Schülerbibliothek, Schaukasten-, Wandschmuckund Ausstellungsgestaltung, Vorbereitung und Durchführung von Klassen-, Schul- und Sportfesten, Schullandheimaufenthalten und Arbeitsgemeinschaften, Gestaltung von Elternabenden, Institutionalisierung eines Informations-, Anhörungs-, Vorschlags-, Vermittlungs- und Beschwerderechts, Teilnahme an Lehrerkonferenzen mit Rederecht, Planung, Gestaltung und Durchführung einzelner Unterrichtseinheiten, Sportstunden, Projekte und Kurse bis hin zu Lernerfolgskontrollen, Errichtung und Betreuung eines Schulgartens, eines Kinderspielplatzes, einer Wetterstation, einer Schülerbücherei, eines Verkehrsübungsplatzes, Herausgabe einer Schülerzeitung oder Erstellung einer regelmäßigen informativen oder kritischen Fernsehsendung für Schüler, sinnvolle Ausgestaltung des Schulhofes, der Pausenhalle und des Klassenzimmers, Informationskampagnen für Umwelt-, Tier- oder Pflanzenschutz, Markierung von Wanderwegen oder Gestaltung eines Waldlehrpfades, Bau von Nistkästen für Vögel, Hausaufgabenbetreuung schwächerer Schüler oder Geldsammlungen für Basare im Rahmen von Schulfesten.

Mit Eltern kooperieren

Durch das Grundgesetz werden die Erziehungsaufträge von Elternhaus und Schule geregelt. Eltern haben das Recht und die Pflicht zur Pflege und Erziehung ihrer Kinder.

> »*Im Einzelnen haben die Eltern das Recht, für ihr Kind die Schulart frei zu wählen, eigene Interessen geltend zu machen und die Rechte, ihre noch nicht volljährigen Kinder zu vertreten, zwischen der öffentlichen und der privaten Schule zu wählen und über die Teilnahme ihres Kindes am Religionsunterricht zu bestimmen.*«
> (Brunner 1978, zitiert nach Minsel/Howe 1981, S. 320)

In den Schulgesetzen der einzelnen Bundesländer wird die Zusammenarbeit zwischen Lehrkräften und Eltern formal geregelt. Es werden Sprechstunden, Elternabende, Formen der Elternvertretung und der Elternmitwirkung festgelegt. Jedoch ist kein – gemeinsam von der Schule und dem Elternhaus – pädagogisch zu gestaltender Handlungsraum vorgesehen. Daher wird Elternmitwirkung oft als »formal vorhanden, materiell bescheiden, strukturell für die Schulverfassung unerheblich« charakterisiert (vgl. Dietze 1973, zitiert nach Minsel/Howe 1981, S. 321). Seitens der Eltern sind manchmal Gefühle der Unsicherheit und Abhängigkeit, mangelnde Kenntnis der Rechte und Unklarheit über Möglichkeiten positiver Zusammenarbeit vorherrschend; seitens der Lehrkräfte gibt es Ängste vor Kompetenzverlust und Autoritätsschwund. Weil Schule und Elternhaus unterschiedlich strukturierte, nur wenig miteinander kommunizierende und im Verlauf eines Tages zeitlich voneinander getrennt wirkende Lebensräume sind, ist eine Kooperation von Elternhaus und Schule bewusst herzustellen. Denkbar sind folgende Schritte (vgl. Struck 1980, S. 138ff.; Minsel/Howe 1981):

- Angebot regelmäßiger Elternsprechstunden und -sprechtage;
- angenehm gestaltete Elternabende, z.B. durch Anbieten von Speisen und Getränken, Film- und Bildvorführungen, Berichte über ein Projekt, ein Praktikum oder ein darstellendes Spiel;

- Förderung der Aussprache über allgemeine erzieherische Probleme;
- Besprechung schulischer und unterrichtlicher Fragen mit den Eltern (Stundenpläne, Unterrichtsausfall, Lehrmittel, Schulbücher, Praktika);
- Telefonkontakte und/oder Hausbesuche bei den Eltern durch die Lehrkraft;
- Bereitschaft der Lehrkraft, als Gesprächspartner/in zur Verfügung zu stehen;
- Eröffnung von Einblickmöglichkeiten in die schulische Arbeit durch Gelegenheit zur Hospitation;
- Förderung einer aktiven Mitgestaltung des Unterrichts durch eigene Aktivitäten der Eltern;
- Teilnahme an Erkundungsgängen, Schulfesten, Sportveranstaltungen und Klassenfahrten;
- Gestaltung der Klassenräume und Schulräume gemeinsam von Eltern und Lehrkräften;
- Förderung eigener Aktivitäten der Eltern untereinander (Elternstammtische);
- Ermunterung der Eltern zu eigenen Initiativen in Sachen Schule.

Sich an der Schulentwicklung beteiligen

In traditionellen schulpädagogischen Texten wird verdeutlicht, dass Lehrkräfte *organisieren* und *verwalten* müssen.

> »*Das bedeutet, dass man vom Lehrer die sorgfältige Führung aller Vorgänge und Schriftstücke erwartet, dass er über die wesentlichsten rechtlichen Grundlagen informiert sein muss bzw. sich entsprechend rasch und sicher Auskunft einholen kann und verantwortungsvoll mit öffentlichen Mitteln umzugehen weiß.*« (Koller 1980, S. 91)

Darüber hinaus muss er Stundenpläne ausarbeiten, Arbeitsblätter herstellen und archivieren, Materialien beschaffen können etc. In den letzten Jahren wird vor allem betont, dass pädagogisches Handeln in Organisationen erfolgt. Sie müssen erhalten, strukturiert, modernisiert, entwickelt und umgestaltet werden, damit in ihnen und durch sie die ihnen zugedachten Aufgaben erfüllt werden. Lehrkräfte haben die Aufgabe, eigenes Handeln so auszurichten, dass die pädagogischen Aufgaben durch die Gestaltung der Schule als Organisation optimal erfüllt werden. Dazu gehört das Mitwirken an Organisationsentwicklungsprozessen.

Beraten

Beratung als *eine Form institutionell angebotener medizinischer, psychologischer und pädagogischer Hilfe* ist eine soziale Dienstleistung von eigenständigen Einrichtungen oder Institutionen (z.b. Erziehungs-, Familien-, Jugend-, Berufs- und Sexualberatung). Beraten als *pädagogische Handlungsform* in der Schule zielt auf Hilfe bei der Bewältigung alltäglicher Lebens- und herausgehobener Problemsituationen. Beratung zielt auf »Hilfe zur Selbsthilfe«. Sie »hat (...) eine kathartische, befreiende und entlastende Funktion; sie sucht (...) die Selbsteinsicht in das eigene Problem und in seine Lösungsmöglichkeiten zu fördern« (Aurin 1981, S. 103).

> »*Beratung ist eine freiwillige, kurzfristige, oft nur situative, soziale Interaktion zwischen Ratsuchenden (Klienten) und Berater mit dem Ziel, im Beratungsprozess eine Entscheidungshilfe zur Bewältigung eines vom Klienten vorgegebenen aktuellen Problems durch Vermittlung von Informationen und/oder Einüben von Fertigkeiten gemeinsam zu erarbeiten.*« (Schwarzer/Posse 1986, S. 634)

Beratung ist charakterisiert durch »Freiwilligkeit«. Damit ist gemeint, dass der Ratsuchende entscheidet, ob eine Beraterin oder ein Berater in Anspruch genommen und eine Beratung abgebrochen oder fortgesetzt wird. Beratung geschieht problembezogen, d.h., der Ratsuchende benennt das Problem und den Rahmen, in dem eine Problemlösung erarbeitet werden soll. Sie ist unverbindlich. Der Ratsuchende entscheidet darüber, ob gemeinsam erarbeitete Problemlösungen umgesetzt werden.

>*In Anlehnung an ein einfaches Modell rationalen Handelns (…) kann man drei Phasen im Beratungsablauf unterscheiden:*
>
>1. *eine Phase, in der das Problem durch den Ratsuchenden angesprochen wird und der Berater versucht, die Situation des Ratsuchenden zu verstehen und die tatsächlichen Schwierigkeiten zu ermitteln (Problemanalyse, Datensammlung, Diagnose);*
>2. *eine Phase, in der gemeinsam nach Bewältigungsmöglichkeiten oder alternativen Handlungsweisen gesucht wird (Erarbeitung von Problemlösungsmöglichkeiten, Prognose);*
>3. *eine Phase, die durch die Mitteilung von Ratschlägen zur Realisierung von Maßnahmen führt. In einer sehr weit reichenden Beratungskonzeption gehört hierher auch die Überprüfung der realisierten Vorschläge (Problemlösung, Behandlung, Evaluation).*« (Schwarzer/Posse 1986, S. 635)

Es ist darauf zu achten, dass die Persönlichkeitsrechte des Ratsuchenden geschützt werden. *Beratungsanlässe im Kontext der Schule* sind z.B. Lernschwierigkeiten und -probleme, Schulversagen (Sitzenbleiben, Überweisung in eine Sonderschule), Fragen der Schullaufbahngestaltung (Einschulungsfragen, Übertrittsprobleme) oder Verhaltensweisen, die für Schülerinnen und Schüler nicht hilfreich sind (Schulangst, Schulunlust, aggressives Verhalten, besonders angepasstes Verhalten). Beratung durch Lehrerinnen und Lehrer zielt auf *Einzelfallhilfe*. Dabei sollen Lern-, Leistungs- und Verhaltensprobleme der Heranwachsenden positiv beeinflusst werden. *Schulklassenbezogene Beratung* zielt darauf, Probleme in der Schulklasse zu benennen, zu analysieren, Veränderungen zu vereinbaren und erzielte Fortschritte gemeinsam zu reflektieren. Dabei wird versucht, die Gespräche der Schülerinnen und Schüler untereinander so zu gestalten, dass Problemlösungskompetenzen und Verhaltensmöglichkeiten erweitert und das soziale Klima in der Gruppe positiv beeinflusst werden.

In Schulen der Sekundarstufe I wird *Berufsberatung* in den Unterricht integriert. Dabei kooperieren Lehrkräfte mit Berufsberatern des Arbeitsamtes. Zur Berufsberatung gehören u.a. die

- umfassende Information über das Beschäftigungssystem, Tätigkeitsfelder, Ausbildungswege, Weiterbildungs- und Aufstiegsmöglichkeiten usw.,
- Klärung der Voraussetzungen beim Ratsuchenden (Fähigkeiten, berufliche Interessen, Eignung, Behinderungen usw.),
- Hilfe bei ausbildungs- und berufsbezogenen Entscheidungen,
- Unterstützung bei der Realisierung von Ausbildungs- und Berufswünschen (Vermittlung von Ausbildungsstellen, ggf. finanzielle Förderung usw.; vgl. Martin 1981, S. 99).

Eine wichtige Aufgabe aller Beratungsaktivitäten durch Lehrkräfte besteht in der Kooperation mit externen Beratungsdiensten.

Helfen

Beim Helfen geht es um die Verhütung und Beseitigung erzieherischer und sozialer Gefährdungsmomente. Psychosoziale Lebenshilfe bedeutet das Gewähren von »Anpassungs-, Entwicklungs-, Reifungs- und Bildungshilfe« in Lebenskrisen und Problemsituationen. Unser heutiges Verständnis von Helfen ist geknüpft an die Entstehung des neuzeitlichen Sozialstaates und an die Ausgestaltung eines Systems der Fürsorge. Helfen als Grundform sozialpädagogischen Handelns dient der Krisenintervention, der Prävention, der sozialen Integration der Hilfebedürftigen, aber auch ihrer sanften Kontrolle (vgl. Gängler 1996). Helfen wird als Aufgabe an Lehrkräfte herangetragen. Dies geschieht u.a. durch die Diskussion um den Stellenwert sozialpädagogischen Handelns in der Schule.

Biographische und Beziehungskompetenz entwickeln

Lehrerinnen und Lehrer sind aufgefordert, nicht nur ihr kognitives Wissen, sondern auch ihre Deutungs-, Reflexions- und Verhaltensmöglichkeiten in professioneller Absicht zu erweitern. Hilbert Meyer fasst unter dem Terminus »biographische Kompetenz« die Fähigkeit einer Lehrkraft, »die eigene Lern- und Lebensgeschichte kritisch zu reflektieren und die Reflexion zur Weiterentwicklung ihrer Handlungskompetenz zu nutzen« (Meyer 1997, S. 33). Siegfried Prell (1991) fordert eine *Selbstevaluation* durch Lehrerinnen und Lehrer ein. Diese verlange *Selbstaufmerksamkeit* und *Selbstwahrnehmung*. Nach Prell bezieht sich die Selbstevaluation auch auf die »subjektiven Theorien« der Lehrerinnen und Lehrer vom Unterricht und auf Aspekte ihres Instruktionsverhaltens (wie Klarheit der Präsentation, Führungsstil, Lehrerverhalten).

Darüber hinaus sind Lehrerinnen und Lehrer gefordert, das eigene Fühlen, Wahrnehmen und Denken zu reflektieren. Olaf-Axel Burow geht davon aus, dass persönliches Wachsen und das Modifizieren von Berufsroutine mit der Veränderung persönlicher Paradigmen einhergeht. Er verdeutlicht, dass Menschen im Lauf ihrer persönlichen Entwicklung eine Vielzahl von Leitmotiven herausbilden. Ein solches System von Leitmotiven begreift er als »persönliches Paradigma«, das verhaltenswirksam sei, weil es die Wahrnehmung und damit die Konstruktion der persönlichen Wirklichkeit bestimme (Burow 1999, S. 216, 224ff.). Der Komplex unhinterfragter, persönlich bedeutsamer, meist nicht bewusster Grundannahmen helfe beim Strukturieren des Lebensraums. Burow möchte Lehrkräfte dabei unterstützen, Einsicht in ihr übergreifendes Paradigmensystem zu erhalten, um Änderungen und Modifikationen vornehmen zu können. Arbeit am persönlichen Paradigmensystem könne auch im Prozess kollegialer Beratung und Supervision erfolgen.

Neben dem Nachdenken über die persönlichen Paradigmen wird die Notwendigkeit einer bewussten Beziehungsgestaltung im Binnenraum Schule betont. Reinhold Miller verdeutlicht die unterschiedlichen Beziehungsmuster in der Schule zwischen den Lehrkräften und den Schülerinnen und Schülern, den Eltern, den Kolleginnen und Kollegen, der Schulleitung und der Schulaufsicht. Um Beziehungen sinnvoll gestalten zu können, seien die Fähigkeit zur Selbstwahrnehmung und Selbstklärung, ein Basiswissen über Grundphänomene von Kommunikation und Interaktion, Kompetenz zur Klärung von Beziehungen und Bereitschaft zum Lernen in Gruppen notwendig (1998, S. 14). Für ihn ist die Achtsamkeit für sich selbst eng mit einer Achtsamkeit für andere verknüpft und

Voraussetzung für das Reflektieren des eigenen Tuns auf einer Metaebene.

Ein wichtiger Aspekt biographischer Kompetenz ist der produktive Umgang mit Belastungen im Lehrerberuf und das Entfalten von Bewältigungsstrategien (vgl. Ulich 1996).

Sich fortbilden

Lehrerinnen und Lehrer sind zur Fortbildung verpflichtet. 1980 fasste Koller die Ansprüche an den Lehrer so zusammen. Er

»sollte sich aufgrund der aktuellen Veröffentlichungen (Amtsblätter, Mitteilungen der Kultusverwaltung, der Lehrerverbände sowie der Medien) ständig schulrechtlich, schulpolitisch und schulorganisatorisch informieren, zumindest in seinem engeren Aufgabenbereich (...); sich innerhalb seiner Schulstufe oder seiner Fächer laufend über Neuerscheinungen von Schulbüchern und Fachliteratur informieren bzw. diese kritisch sichten; sich durch wenigstens eine pädagogische Zeitschrift über aktuelle erziehungswissenschaftliche Fragen orientieren; in jedem Schuljahr an einigen ausgewählten Fortbildungsveranstaltungen (...) teilnehmen« (Koller 1980, S. 88f.).

Die Teilnahme an Fortbildungsveranstaltungen ist in der Regel freiwillig und erfolgt auf Initiative des Einzelnen. Es können Veranstaltungen an Hochschulen und Universitäten oder von öffentlichen oder kirchlichen Trägern besucht werden. Die verschiedenen Bundesländer bieten Lehrerinnen und Lehrern durch extra eingerichtete Institute in der Regel zentral und regional organisierte Fortbildungsveranstaltungen an.

Wenn die gesamte Zeit der Berufstätigkeit als Bildungsphase begriffen wird, kommt der einzelnen Schule als Ort der Lehrerbildung eine wichtige Funktion zu. Hier sollen Kooperation, Teamarbeit, gegenseitige Hospitationen und Formen kollegialer Beratung (auch durch Supervisionsgruppen) ihren Ort haben. Neben einer schulinternen Lehrerfortbildung soll eine individuelle Fortbildung gefördert werden, die sich an den Zielen der Einzelschulentwicklung orientiert. Zugleich soll Fortbildung zum selbstverständlichen Bestandteil der Berufsausübung werden (vgl. Bildungskommission NRW 1995, S. 317).

Berufspolitische Interessen vertreten

Da sich zu schulpolitischen Fragen eine Vielzahl von Verbänden äußern, die unterschiedliche Interessen vertreten, z.b. die Interessen der Gebietskörperschaften (Städte, Gemeinden) oder die der Arbeitgeber, ist es sinnvoll, dass auch Lehrkräfte eigene Interessen formulieren und vertreten. Es gibt zahlreiche Berufs- und Interessenverbände von Lehrerinnen und Lehrern. Die wichtigsten Lehrerorganisationen sind die Gewerkschaft Erziehung und Wissenschaft (GEW) und die im Deutschen Beamtenbund (DBB) zusammengeschlossenen Berufsverbände wie der Deutsche Philologenverband, der Verband Bildung und Erziehung (VBE), der Verband deutscher Realschullehrer, der Verband der Lehrer an Berufsbildenden Schulen und der Verband der Lehrer an Wirtschaftsschulen.

Eine Berufsethik formulieren

Eine Berufsethik im Lehrerberuf ist u.a. aufgrund der großen Entscheidungsfreiheit bei der Tätigkeit, des Umstandes, dass die Person des Pädagogen selbst das wichtigste Mittel zur Durchführung der Aufgabe ist, der schweren Kontrollierbarkeit der Pädagogen und auch der unrealistischen Ansprüche, die oft an sie gestellt werden (vgl. Brezinka 1990, S. 18f.; aufgeführt nach Koring 1992, S. 101), bedeutsam. Koring begreift als Kern des pädagogischen Ethos zwei Forderungen, nämlich die nach Fairness und die nach Takt oder Diskretion.»Fairness bezieht sich auf die Komponente der Gerechtigkeit und die Forderung nach taktvollem Umgang bezieht sich auf die Integrität und Würde der Adressaten.« (Koring 1992, S. 102)
Hartmut von Hentig hat eine Ethik für Lehrer/innen und Erzieher/innen im Sokratischen Eid gebündelt. Mit diesem will er dem

besseren Wissen und Willen der Pädagogen/Pädagoginnen Rückendeckung geben und sie für den Ernstfall stärken. Sie sollen Maßstäbe vor ihrer »Zunft« und der »Öffentlichkeit« formulieren, an denen sie ihr Verhalten zu messen haben (vgl. von Hentig 1993, S. 245).

Im Gegensatz zum von Hartmut von Hentig formulierten Sokratischen Eid für Lehrer/innen plädiert Hermann Giesecke für eine Berufsethik, die nicht umfassende Ansprüche an die Lehrkräfte stelle, sondern sie nur als Lernhelfer begreife.

Zum Weiterlesen:

Giesecke, H.: Pädagogik als Beruf. Grundformen pädagogischen Handelns. Weinheim/München 1987.

Koring, B.: Grundprobleme pädagogischer Berufstätigkeit. Bad Heilbrunn 1992.

Krüger, H.-H./Helsper, W.: Einführung in Grundbegriffe und Grundfragen der Erziehungswissenschaft. Opladen [2]1996.

Theorie der Schule

Die Auseinandersetzung um eine Theorie der Schule ist ein Kerngebiet der Schulpädagogik. Für Studierende der verschiedenen Lehrämter, für Referendare/Referendarinnen und Lehrer/innen sind die verschiedenen Überlegungen von Relevanz, weil sie Strukturen der Schule zu erkennen helfen. In diesem Kapitel soll zunächst gefragt werden, was unter Schulen zu verstehen ist. Nach einer Darlegung einer notwendigen Pluriperspektivität bei der Entwicklung einer Theorie der Schule sollen zunächst pädagogische Überlegungen vorgestellt werden. Ihnen folgen disziplinäre und wissenschaftstheoretische Perspektiven auf die Schule. Abschließend wird erörtert, inwiefern die radikale Schulkritik Ivan Illichs einen Beitrag zu einer Theorie der Schule leistet.

Was sind Schulen?

Wolfgang Einsiedler unterschied einen enger und einen weiter gefassten Schulbegriff.

> »*Schule im engeren Sinn erfasst das Schulwesen von der Vorschule bis zur Universität. (...) Die Schulen sind Institutionen, die die Gesellschaft zur Sicherung von Unterricht, d.h. zur Veranstaltung von Lehren und Lernen sowie zu weiteren pädagogischen Maßnahmen eingerichtet hat.*« (Einsiedler [3]1978, S. 34)

Schulen haben – über die Ländergrenzen hinweg – eine Vielzahl grundlegender organisatorischer Merkmale gemeinsam, z.B. die Standardisierung der Unterrichtssituation, die Orientierung des Unterrichts an akademischen Disziplinen, die relative Gleichverteilung des zeitlichen Aufwandes für die verschiedenen Fächer (wenigstens im Grundschulbereich), eine verbal-abstrahierende und stark lehrerzentrierte Kommunikationsform und die Dominanz einer Buch- und Lernkultur (vgl. Arbeitsgruppe Bildungsbericht 1994, S. 65ff.). Als Merkmale der Schule nennt Einsiedler:

- *»Die Schule ist räumlich festgelegt.*
- *Der Besuch der Schule ist zeitlich in größere (z.b. Schuljahr, Semester) und kleinere Einheiten (z.b. Lektion) gegliedert.*
- *In den Schulen werden viele Schüler gleichzeitig unterrichtet. Dazu werden Gruppen (meist Schulklassen) gebildet.*
- *Für das Lehren, Erziehen usw. in den Schulen gibt es eine eigene Berufsgruppe, die Lehrer.*
- *Im Unterricht in den Schulen werden Lehrziele angestrebt und Lehrinhalte vermittelt.*
- *Zur Erreichung der Lehrziele werden systematische Lehrgänge durchgeführt.*
- *Die Schulen sind charakterisiert durch ein technologisches Moment, d.h., sie wenden Methoden und Medien zur Erleichterung des Lehrens und Lernens an.*
- *Die Schulen zeichnen sich durch ein organisatorisches Moment aus, das die Kontinuität des Lehrens und Lernens auch bei verändertem Personenkreis sichert.«* (Einsiedler [3]1978, S. 34)

Perspektiven auf die Schule

In der Schulpädagogik wurden verschiedene Schultheorien entwickelt, die unterschiedliche Aspekte der Schule beschreiben (vgl. z.B. den Überblick bei Kramp 1973; Tillmann 1987; Apel 1995; Winkel 1997). Ich begreife die »Theorie der Schule« mit Wolfgang Kramp als programmatischen Sammeltitel für methodisch und inhaltlich sich unterscheidende Ansätze zur Beschreibung, Analyse und Kritik bestimmter Ausschnitte der Schulwirklichkeit und gehe von der Aspektgebundenheit des Fragens, Erklärens und Erkennens aus. Schon Josef Derbolav betonte die Notwendigkeit, Schulen unter verschiedenen Fragestellungen in den Blick zu nehmen und sprach von der *Pluriperspektivität* einer angemessenen Theorie (vgl. Derbolav 1981, S. 30).

Meines Erachtens ist es sinnvoll, beim Darstellen verschiedener Aspekte der Schule von den Fragestellungen und Perspektiven verschiedener wissenschaftlicher Disziplinen auszugehen und die jeweilige Reichweite ihrer Erklärung mit zu erörtern. Eine Auseinandersetzung mit diesen Perspektiven befähigt dazu, je unterschiedliche Dimensionen der Schule auszuleuchten. Dabei sind die gesellschaftlichen (ökonomischen, politischen, rechtlichen und institutionellen) Rahmenbedingungen der Schule und die Beschreibung ihrer Funktion in der Gesellschaft ebenso bedeutsam wie ein Ausleuchten ihrer Mikrostruktur.

Pädagogische Schultheorien

Traditionell wird die Schule als geistesgeschichtlich-kulturelles Phänomen gefasst. Aufgabe und Funktion schulischer Erziehung werden aus der Idee der Schule abgeleitet, wobei die Erziehungsmöglichkeiten der Schule idealisiert werden.

In geisteswissenschaftlichen Überlegungen wird die *Übergangsfunktion* der Schule betont. Sie sei verbindendes Glied eines Übergangs, welcher das Kind aus dem Familienkreis in die Willensform des öffentlichen Lebens überführe. Die Schule organisiere den Übergang vom Spiel zum Ernst der Arbeit. Sie sei Spielplatz und Stätte der Arbeit. Sie initiiere das Kind in eine von der augenblicklichen Neigung unabhängige, durch einen Zweck gebundene Tätigkeit. Wer in die Schule gehe, erfahre *die Gewalt der Methode* und lerne gleichzeitig, dass in Ordnung und Regel die Kraft des Menschen liege. Die Schule habe *Schonraumcharakter*. Sie sei ein zweckfreier Ort, in dem der Mensch das höhere geistige Leben erfahre. Die Schule entwickele die Persönlichkeit des jungen Menschen und führe ihn ein in die geistigen Grundrichtungen. Sie halte *Anschluss an vorwärts weisende Kulturbewegungen* und stelle diese in einen zukunftsorientierenden Zusammenhang. Die Schule vermittele Normen und Werte. Darüber hinaus wird die Schule als organisierte Gemeinschaft und als Verhältnis der Einwirkung der älteren Generation auf die jüngere begriffen. Sie sei Staatsinstitut (vgl. Derbolav 1981, S. 31ff.; Klafki 1987a). Oft wird eine anthropologische Begründung der Schule entfaltet, die die Mängelstruktur des Menschen (wie z.B. Instinktarmut) betont und die Notwendigkeit der Entwicklung von Lernfähigkeit zur Kompensation menschlicher Unfertigkeit verdeutlicht.

Pädagogische Überlegungen im Kontext einer geisteswissenschaftlichen Tradition gehen von einer Autonomie pädagogischer Praxis und Theorie aus. Dabei wird die Eigenständigkeit pädagogischen Denkens und Handelns – oft anthropologisch fundiert – aus dem Eigenwert der Kindheit abgeleitet. Im Mittelpunkt steht das erziehungsbedürftige Kind und/oder der erziehungsbedürftige Jugendliche. Die freie Entfaltung seiner Kräfte, Fähigkeiten und seine Menschenbildung werden angestrebt. Die Pädagogik erscheint als selbstständiges Teilsystem einer Gesellschaft, das sich – als kulturelles Subsystem – von den übrigen Teilsystemen (wie Religion, Wissenschaft, Staat und Wirtschaft) dadurch unterscheide, dass es seinen spezifischen Zielpunkt in der Individualität und den schöpferischen Kräften des – seiner selbst mächtigen und zugleich sozialen – Menschen habe. Die Verselbstständigung der Erziehungsaufgabe wird als Kulturleistung wahrgenommen (vgl. Kemper 1985a, S. 123f.).

Im Kontext der sozialwissenschaftlichen Wende und der Konstituierung der Erziehungswissenschaft (auch in Abgrenzung zur geisteswissenschaftlichen Pädagogik) werden Ansätze zu einer Theorie der Schule aus erziehungswissenschaftlicher Perspektive formuliert, wobei Anleihen bei sozialwissenschaftlichen (Teil-)Disziplinen vorgenommen werden. Ich möchte drei Konzeptionen nennen:

Die erste beschreibt die Schule als *Ort der Veranstaltung von Bildungsprozessen*. In Schulen werden die Bildungsprozesse in großem Stile organisiert. Schule bedeutet – in systemtheoretischer Beschreibung – die Systematisierung von Lernbedingungen, die Formulierung von Lernzielen, die Erhebung der Lernvoraussetzungen und die Kontrolle des Lernerfolgs. Helmut Fend unterscheidet eine Globalplanung in Bildungsgänge, die bestimmte Eingangsvoraussetzungen und Abschlüsse festlegten (Ebene der Makroorganisation von Lernprozessen, z.B. durch Schulorganisationsstrukturen, Zusammenstellen von Lerngruppen und Spezifizierung der Lernvoraussetzungen, Binnengliederung der Anforderungsstruktur und der Lernkontrollen) von einer Planung auf der Ebene einer Didaktik und Methodik des Unterrichts (Mikroorganisation von Lernprozessen, z.b. durch Festlegung der Reihenfolge der Unterrichtsinhalte, Auswahl von Unterrichtsinhalten für bestimmte Schülergruppen, Wahl der Organisationsformen des Unterrichts etc.; vgl. Fend 1980, S. 65ff.).

Eine weitere erziehungswissenschaftliche Schultheorie versteht die *Schule als Lernfeld und Lebensort.* Didaktik als Theorie des Lehrens und Lernens bzw. als Theorie des Unterrichts begreift die Schule »als Ort institutionalisierter Lehr-Lern-Situationen« (Apel 1995, S. 228f.). Pädagogik als »Theorie der Erziehung und Bildung« erfasst die Schule als einen »Ort der Erziehung und Bildung durch Unterricht und Umgang« (ebd., S. 229). In einer Theorie der Schule aus pädagogischem Blickwinkel werden vorrangig Ziele, Bedingungen und Grundsätze des Umgangs in Schule und Unterricht erörtert. Wenn Schule primär als Ort des Lehrens und Lernens gefasst wird, als Stätte organisierten, methodisch-systematisch vorstrukturierten Lernens (Heinrich Roth), dann geht es um die Frage der optimalen Organisation von Lernprozessen unter Berücksichtigung der Lernvoraussetzungen der Schülerinnen und Schüler und der Bildungsziele.

> *»Schule soll erstens ›die Lernfähigkeit aller Kinder und Jugendlichen in ihre Obhut und Ausbildung nehmen‹ (…), sich also verantwortlich für eine differenzierende Lernförderung fühlen (…). Sie soll zweitens Ziele, Inhalte, Methoden des Lehrens und Lernens zusammen mit gesellschaftlichen Gruppen einer ständigen Revision unterwerfen, um das Lernen in einer spannungsreichen Beziehung zum Leben zu organisieren. Sie soll drittens die Lernenden motivieren, ihre Interessen anzuregen (…). Dabei sind Formen der Selbst- und Mitbestimmung zu fördern. Sie soll viertens für das Lernen belohnen. (…) Schließlich soll Schule fünftens den Zusammenhang zwischen dem Gelernten, den Lernzielen und -inhalten sowie dem Leben herstellen. So wird Schule als ein ›Ort der geleiteten, kritisch reflektierten und ständig zu erneuernden Lernprozesse‹ (…) gesehen.«* (Roth 1977; zitiert nach Apel 1995, S. 232)

Eine dritte erziehungswissenschaftliche Schultheorie geht aus von den *Bestimmungsgrößen Institution, Didaktik und Ökologie.* Unter der Aufgabe der *Institutionalisierung versteht* Bijan Adl-Amini, dass sie Gedanken und Ideen als Objektivationen der Kultur lebensfähig zu halten sowie ihnen Geltungsdauer und Stabilität zu verleihen habe. Die Spannung zwischen der Freiheit der Subjektivität und der Determiniertheit durch Institutionen sei als dialektischer Prozess zu erfassen und auf Dauer zu thematisieren und erfordert die »Institutionalisierung einer tendenziellen Entinstitutionalisierung« (Adl-Amini 1985, S. 69). Kinder und Jugendliche seien zwar in Institutionalisierungsprozesse einzuüben. Gleichzeitig seien pädagogische Experimente dort nötig, wo habitualisiertes und uniformiertes Handeln und Denken edukative Prozesse dominierten. Aufgabe der *Didaktik* sei es, »zwischen der institutionalisierten Wirklichkeit und der Individualität der Person eine Balance herzustellen« (Adl-Amini 1985, S. 70). Didaktik ließe sich auf drei Ebenen (Ziel-, Prozess- und Handlungsebene) systematisch explizieren. Die *Ökologie* als Theorie schulischer Umwelt ziele darauf, die dominante schulische Lernökonomie mit Lernökologie zu verknüpfen.

»Sie könnte helfen, der Schule ihren Charakter als Vollzugsanstalt von Inhalten zu nehmen und sie zur Stätte der Begegnung und Interaktion, zum Handlungs- und Erlebnisraum zu machen. Die Schulumwelt: Räume, Dinge und Menschen müssen als Lernfaktor entdeckt und von den Beteiligten selber gestaltet werden, damit eine Atmosphäre geschaffen wird, in der sie sich wohl fühlen.« (Adl-Amini 1985, S. 82)

Darüber hinaus wurden weitere Schultheorien entwickelt:

- Gerhard Steindorf nennt acht pädagogische Interpretationen der Schule und beschreibt sie als »Anstalt zum Lehren«, »Raum der Muße zum Lernen«, »Schonraum der Jugend«, »Bollwerk der Bildung«, »Ort der Personagenese«, »zeitgemäße Wissenschaftsschule«, »optimale Organisation von Lernprozessen« und »Betrieb« (Steindorf [3]1976, S. 50ff.).

- Derbolav (1981) unterscheidet eine psychologisch-didaktische, eine kommunikativ-edukative und eine institutionell-politische Schultheorie.

- Diederich/Tenorth (1997) stellen – in Anlehnung an Humboldt – die didaktische Dimension (Ziele, Inhalte, Methoden), die professionelle Dimension (Handeln der Lehrerinnen und Lehrer), die curriculare Dimension (Richtlinien, Lehrpläne, Stoffpläne), die gesellschaftspolitische Dimension, die schulorganisatorische Dimension (Schulaufbau) und die bildungstheoretischanthropologische Dimension der Schule heraus.

Weitere Perspektiven auf die Schule

Die *geschichtliche Perspektive* erörtert die Funktion der Schule im Prozess der Herausbildung der modernen Gesellschaft. Die Konstituierung des öffentlichen Schulwesens war Teil des Prozesses moderner Staatenbildung, den die Schule befördern und in ihren Ergebnissen absichern sollte.

»*Integration der Bevölkerung hieß* (…) *nicht nur ideologische Einbindung in die Gemeinsamkeit politisch erwünschter Orientierungen, sondern auch Herauslösung aus den partikularen feudalen Herrschaftsbeziehungen und deren eng umgrenzten Sprach- und Lebenswelten* (…). *Und die der Schule zugedachte Stabilisierung des gesamtstaatlichen Herrschaftssystems schloss* (…) *die Aufgabe ein, dass sie den Einzelnen aus den überkommenen Loyalitäten in ein direktes Verhältnis zur Staatsgewalt setze* (…) *als Grundlage für dereinst auch freiere Sozialbeziehungen.*« (Leschinsky/Roeder 1981, S. 124)

Die Schule trug zur Bildung einer größeren Nationaleinheit und zur nationalen Gesinnungsbildung bei. Die geschichtliche Perspektive zeigt, dass das traditionelle Bildungswesen mit seiner Teilung in Niederes und Höheres Schulwesen (vgl. Diederich/Tenorth 1997, S. 57) aufgrund seiner engen Entsprechung mit der Sozialstruktur die gegebene Statusverteilung weitgehend voraussetzte und bestätigte. Demgegenüber erlangte das Bildungssystem in der modernen, von sozialer Dynamik bestimmten Industriegesellschaft für den Prozess der Statuszuweisung eine wichtige Bedeutung, eröffneten sich doch Aufstiegschancen über den schulischen Erwerb beruflicher Qualifikationen.

Die *makrosoziologische Perspektive* beschreibt die Schule aus einer Außenperspektive. Sie interessiert sich für das Verhältnis von Bildungssystem und Gesellschaft.

Aus soziologischer Sicht wird dem Schulsystem die Reproduktion der Gesellschaft zugeschrieben. Diese beziehe sich auf die Sozialstruktur der Gesellschaft, auf das kulturelle System und die Normen, Werte und Interpretationsmuster zur Deutung gesellschaftlicher Verhältnisse (vgl. Fend 1980, S. 15f.). Dem Schulsystem wird eine Sozialisations- (bzw. Enkulturations-), eine Personalisations-, eine Qualifikations-, eine Allokations- und eine Selektionsfunktion zugeschrieben. *Enkulturation* und *Sozialisation* bezeichnen den Vorgang der Eingliederung der nachwachsenden Generation in das Kultursystem und Rollengefüge der Gesellschaft. Dabei meint Sozialisation den Prozess, durch den gleichzeitig die Persönlichkeit Heranwachsender konstituiert und gesellschaftliche Verhältnisse reproduziert werden (vgl. Fend 1980, S. 6). *Personalisation* meint die pädagogische Selbstverwirklichung der/des Einzelnen. *Qualifikation* umfasst die Vorbereitung der Kinder und Jugendlichen auf die Anforderungen der Arbeits- und Berufswelt. *Allokation* beschreibt die Verteilung und Umverteilung von sozialen Positionen jenseits oder basierend auf den Merkmalen Geburt, soziale und regionale Herkunft, Geschlecht und Ethnizität. Sie thematisiert den Zusammenhang zwischen sozialer und regionaler Herkunft, Geschlecht, Ethnizität, Religion und Bildungsbeteiligung (vgl. Fend 1980, S. 29ff.). Im Hinblick auf die *Selektions*funktion kommt die Schule als Instanz der Zuteilung oder Abweisung von Sozialchancen in den Blick. Die Schule regele die Zugänge zu unterschiedlichen beruflichen Positionen und damit zu Einkommenschancen, Prestige und Lebensmöglichkeiten innerhalb der Gesellschaft. Sie vermittele nicht nur Kenntnisse, sondern prüfe und bewerte, belohne die »Schulelite« durch Berechtigungen und schränke die »Nicht-Schulelite« ein und schließe sie vom Zugang zu erstrebten Tätigkeiten und Stellungen aus. Die Schule sei soziale Dirigierungsstelle für Rang und Stellung des Einzelnen in der Gesellschaft, eine Zuteilungsapparatur von Lebenschancen. Schulische Leistungen erscheinen vor allem als Ergebnis persönlicher Handlungsweisen. Damit leistet die Schule einen Beitrag zur *Legitimation* einer – von sozialer Ungleichheit bestimmten – Gesellschaftsordnung. Legitimation werde über eine Leistungsideologie hergestellt, die soziale Integration trotz sozialer Ungleichheit bewirke. Diese erscheine als Ergebnis unterschiedlicher Anstrengungen und werde damit als persönlich verursacht erlebt.

»Im Verlaufe seiner Schulzeit lernt der Schüler, diese Ungleichheit zu akzeptieren, indem er das Regelsystem der Zuordnung zu unterschiedlichen Leistungspositionen und deren Verfahren (Prüfungen) zu akzeptieren lernt.« (Fend 1980, S. 46)

Während die Schule dem Einzelnen ein Potenzial begrenzter *sozialer Mobilität* eröffne, leiste sie gleichzeitig einen Beitrag zur *Reproduktion* der (geschichteten) Sozialstruktur der Gesellschaft und zur Stabilisierung ökonomischer und kultureller Eliten. In soziologischer Sicht erscheinen Schulen als *Triebkräfte des sozialen Wandels* und zugleich als Institutionen, die auf sozialen Wandel auch reagieren, sich selbst verändern und modernisieren. Es wird erhellt, dass Schulen zur *Tradierung bzw. Erneuerung* kultureller Normen, Werte und Orientierungen beitrügen. Sie hätten darüber hinaus die Aufgabe, *Arbeitsmarktkonjunkturen* zu regulieren (vgl. Fend 1980, S. 26).

Die *politisch-öffentliche Perspektive* verweist auf die Leistung der Schule bei der Herstellung einer gesellschaftlichen Öffentlichkeit durch Alphabetisierung und Literalität, durch Universalisierung von Lernbereitschaften, Wissen, Fähigkeiten und Fertigkeiten, durch die Ausbreitung generalisierter Wertorientierungen und Einstellungen. Durch die Schule sei das Kind resp. der Jugendliche nicht mehr auf die Grenzen seiner Lebenswelt und damit auf die spezifische Einschränkung und Vereinseitigung seiner Individualität verwiesen, sondern könne grundsätzlich zur Teilhabe und Teilnahme an einer allen offen stehenden, politischen und gesellschaftlichen Kultur befähigt werden. Die Schule eröffne damit die Chance, dass die Individuen sich frei entfalteten, sich aus einengenden Lebensverhältnissen befreiten, eigene Interessen artikulierten und sich in ein direktes Verhältnis zum Staat setzten (Emanzipation), durch soziale Mobilität gesellschaftlich aufstiegen und zur Teilhabe an Gesellschaft (Partizipation) befähigt würden. Schulen fundieren die Herausbildung einer gesellschaftlichen Öffentlichkeit. Damit leisten sie einen Beitrag zur Herstellung einer demokratischen Ordnung. Helmut Fend betont darüber hinaus, dass gegenwärtig über Schulsysteme und ihre Gestaltung Regionalpolitik, Arbeitsmarktpolitik, Wachstumspolitik und Sozialpolitk etc. betrieben werde (Fend 1980, S. 27).

Unter *wirtschaftlicher Perspektive* kommen Kosten und Nutzen des Schulwesens in den Mittelpunkt der Betrachtung. Achim Leschinsky und Peter M. Roeder betonen die Funktion der Schule im Prozess gesellschaftlicher Industrialisierung, Mobilisierung und Modernisierung sowie bei der Sicherung der ökonomischen Leistungsfähigkeit:

»*Die Entwicklung des Bildungssystems wird (…) sowohl als Ergebnis als auch als ein wichtiger Motor dieses Prozesses verstanden. Es expandiert als Reaktion auf steigende und sich wandelnde Anforderungen des gesellschaftlichen Produktions- und Dienstleistungssystems. Es vermittelt zugleich die Kenntnisse und Einstellungen, die zur Fortentwicklung und Beherrschung der Technologie und eines mindestens die Mitglieder einer nationalen Gesellschaft umfassenden Kommunikationssystems erforderlich sind.*« (Leschinsky/Roeder 1981, S. 138)

Bildungsökonomische Überlegungen gehen davon aus, dass es einen Zusammenhang zwischen der sozialen Situation der Bevölkerung und ihrer Bildung gebe und dass Schulen zur Verbesserung des Lebensstandards beitrügen. Die wirtschaftliche Fragestellung zielt auf das Verhältnis von Aufwand und Ertrag. Die Kosten des Bildungswesens (z.B. für Personalausgaben, Mittel für den Erwerb von Grundstücken, Aufwendungen für den Bau, Ausbau und Erhalt von Bildungseinrichtungen und ihrer Sachausstattung, Verwaltungsausgaben; Lehr- und Lernmittel, Aufwand für den Schüler-transport und die Betreuung der Schüler) werden in einen Vergleich zur ausgewiesenen Leistungsfähigkeit gesetzt. Dabei geht es um die Frage, wie mit möglichst wenig Aufwand ein bestmögliches Ergebnis erzielt werden kann.

Die *juristisch-administrative Perspektive* untersucht die Schule als Ort von Verwaltungshandeln. Parallel zu Entstehung und Ausbau des Schulwesens entwickelte sich eine Schulverwaltung.

»*Mit der Ausweitung entstanden* (…) *eigene Verwaltungen mit hauptamtlichen Kräften: Schulabteilungen des Kultusministeriums, Regierungsschulabteilungen, Schulämter, Lehrmittelverwaltungen, Bildstellen usw.* (…).« (Oblinger o.J., S. 115)

Oblinger beschreibt die Über- und Unterordnungsverhältnisse in Verwaltungen.

»*Die jeweils oberen Verwaltungsstellen bzw. -personen haben die Weisungsbefugnis, die untergeordneten Beamten oder Angestellten sind weisungsgebunden. Die Folge ist, dass der Untergeordnete den* ›*Instanzenweg*‹ *einhalten muss, wenn er sich an eine übergeordnete Stelle wendet.*« (Oblinger o. J., S. 118)

Wie viele Grundsatzentscheidungen durch Verwaltungsmaßnahmen bestimmt oder beeinflusst werden, erleben Lehrerinnen und Lehrer im Schulalltag:

»*Die Verwaltung bestimmt u.a.*
- *den baulichen Rahmen (Finanzierung, Schulbau, Klassenraumgröße, Anzahl der Sonderräume …),*
- *die Gruppierung (Klassenstärke, Schulsprengel, Koedukation …),*
- *die Zeiteinteilung (Länge des Schuljahres, Ferien, Stundendauer, Wochenstundenzahl, Fünftagewoche …),*
- *die Lerninhalte zumindest als Rahmen (Lehrpläne, Fächer mit Stundenzahl, Rechtschreibnormen, Wahlunterricht …),*
- *z.T. die Lehrverfahren (…),*

- *die Lehrmittel (Genehmigung und Finanzierung von Lehrmitteln, Lernmitteln und Büchern …),*
- *z.T. die Lernkontrollen (Art der Prüfungen, Haupt- und Nebenfächer, Folgen wie Versetzung oder Nichtversetzung …),*
- *die Übergänge und Zulassungen (Tests, Gutachten Probeunterricht, Numerus clausus …),*
- *z.T. die Erziehungsmaßnahmen (Disziplinarmaßnahmen, Zulässigkeit von Strafen …),*
- *den Lehrer (was er [nicht] muss, soll, kann, darf, Gehalt),*
- *z.T. die Einstellung des Schülers (Schulpflicht, Wahlfreiheit, Berechtigungen …).«* (Oblinger o.J., S. 116)

Immer wieder wird die obrigkeitsstaatliche Kontrolle des Schulsystems kritisiert und eine größere Selbstständigkeit der einzelnen Schule und eine Verwaltung, die nicht nur kontrollorientiert handelt, sondern programmorientiert steuert und berät und Mitsprache- und Mitentscheidungsmöglichkeiten für die in der Schule tätigen Menschen, gefordert (vgl. Fend 1980, S. 52).

Die *institutionell-organisationstheoretische Perspektive* fragt nach den Zielen von Organisationen, nach der Gestaltung der inneren Ordnung, nach Aufgabenverteilung und Zusammenarbeit von Personen und schließlich nach Verwaltung und Kontrolle. In Diskussionen um Schulsteuerung und Schulentwicklung wird erneut die Notwendigkeit einer Stärkung der Verantwortlichkeit vor Ort für die Prozesse in der Schule betont. Damit verbunden sind Überlegungen zur Veränderung von Strukturen der Schulaufsicht wie Einführung flacher Hierarchien, Stärkung der Schulleitung und Neubestimmung ihrer Aufgaben sowie die Übertragung von Teilverantwortungen auf einzelne Lehrerteams (z.B. Untergliederung der Einzelschule in Jahrgangsteams). Dabei werden Schulen unter dem Gesichtspunkt der Entwicklung von Problemlösungsfähigkeit und »corporate identity« betrachtet.

Die *ökologische Perspektive* verdeutlicht, dass sowohl die Außen- als auch die Binnenökologie einer Schule auf den Erziehungs- und Unterrichtsprozess wirken. Sie erörtert, dass die Möglichkeiten einer Schule u.a. auch von ihrem jeweiligen Standort und von der Schularchitektur abhängig sind. Sie fragt danach, wie Bedürfnisse nach Geborgenheit, Identifikation und Entfaltung im schulischen Raum – unter Berücksichtigung des Schullebens – erfüllt werden können, und will auf der Grundlage eines Verständnisses von Schule als physikalisch-architektonischer und als sozialer Umwelt – Vorschläge für Organisationsentwicklung vorlegen (vgl. Drach 1985). Durch eine veränderte Lernumwelt sollen neue und andere Lern- und Sozialerfahrungen ermöglicht werden. In Erweiterung dieser Konzeption um eine sozialökologische Dimension bleibt die Aufmerksamkeit nicht mehr nur auf die physische Umwelt (Gebäude, Klima, Verkehrswege) fixiert, sondern es werden darüber hinaus Verhaltensweisen, Einstellungen und Weltbilder der Bezugspersonen jenes interpersonalen Netzes berücksichtigt, in dem ein Kind lebt. Daher werden u.a. die hohe Dichte von Personen in einem Schulgebäude kritisiert, die Phänomene der Vermassung, die nurmehr massenpsychologisch verstehbares Verhalten fördere, die Größe der heutigen Schulen, die verhindere, dass jenes Maß stabiler Sozialbeziehungen zustande komme, das Vertrautheit und Vertrauen ermögliche und eine vom »industrial design« geprägte Architektur, die keine Atmosphäre der Geborgenheit aufkommen lasse (vgl. Fend 1980, S. 252f.).

Die psychoanalytische Perspektive untersucht die Interaktionen zwischen Lehrern/Lehrerinnen und Schüler/Schülerinnen, aber auch zwischen den Gleichaltrigen. Peter Fürstenau fragt danach, wie die psychoanalytische Triebtheorie mit der zugehörigen Lehre von der Ich- oder Charakterentwicklung und der Neurosenlehre dabei helfen könne, wiederkehrende Rollen (z.B. die Lehrer/innen/rolle und die Schüler/innen/rolle mit festgelegten Verhaltenserwartungen) innerhalb von Institutionen mit den Triebbedürfnissen und Charakterzügen Einzelner in Beziehung zu setzen und diese auf Entsprechungen, Versuchungen und Versagungen hin zu untersuchen. Er interessiert sich besonders für Vorgänge der Triebkontrolle und Verhaltensregelung gegenüber Kindern und Jugendlichen und fragt, welche unbewussten Motive (Triebe und Charakterzüge) durch die Institutionalisierung von Unterricht und Erziehung begünstigt würden. Er beschreibt, dass Zeremonien und Rituale in der Schule nicht nur Ausdruck von Triebabwehr und Affektbewältigung, sondern auch Mittel zur Abwehr gegen die Gefahr von Triebüberflutungen (durch Vermeidung, Isolierung und Reizdosierung) seien. Zugleich kehre das Abgewehrte und Vermiedene unerkannt, weil entstellt, wieder (z.b. in Form des Ausagierens aggressiver Regungen in der Pedanterie oder in übertriebener Ordnungsliebe) (vgl. Fürstenau 1972). Mario und Gisela Muck analysieren konstitutive Merkmale der Schule wie das Leistungsprinzip, den Lern- und Erfolgszwang und die Zwanghaftigkeit der Schulorganisation unter psychoanalytischer Perspektive. Sie meinen, dass im Leistungsprinzip Rivalität wiederbelebt werde; dabei werde Neid, resultierend aus Geschwisterrivalität vor dem Hintergrund ödipaler Auseinandersetzung neu erlebt. Lernen werde aus sachlichen und kommunikativen Zusammenhängen gelöst und mit Schulerfolg gleichgesetzt; dieser spiele eine ausschlaggebende Rolle für das Selbstwertgefühl des einzelnen Kindes oder Jugendlichen. Die Zwanghaftigkeit der Schulorganisation befördere eine hohe Wertschätzung rigider Charakterzüge (wie Ordnungsliebe, strenge Über-Ich-Orientierung und Ehrgeiz). Die Schule mit ihren Mechanismen der Ritualisierung, des Kontrollzwanges, des Isolierens wiederhole zwanghafte Familienstrukturen (vgl. Muck/Muck 1987, S. 85).

Schulkritik

Die radikale Schulkritik von Ivan Illich (geb. 1926) geißelt die Schule als Träger und Wegbereiter industrieller Machbarkeits- und Fortschrittsmythen. Auf der Grundlage einer Kritik an kolonialer und postkolonialer Ausbeutung, am Mythos vom industriellen Weg als angemessenem Entwicklungsweg für alle Länder und an der konsumorientierten als anzustrebender Lebensweise für alle, kommt die Schule als Träger und Vermittler dieser Ideen in die kritische Diskussion. Im Folgenden sollen die Positionen von Ivan Illich aufgeführt werden, indem die von ihm aufgedeckten »Mythen« der Gesellschaft über die Schule referiert und seine Kritik an diesen einander entgegengesetzt werden (vgl. Illich 1995, 1996; Dauber 1987, S. 108f.).

Illich behauptet, Schulen würden sich beliebig ausdehnen, z.B. durch Verlängerung der Schulpflicht, durch ihre Ausdehnung nach

Mythen	Kritikpunkte
Allgemeine Bildung ist durch Schulen zu erreichen. Bildung wird durch den Besuch einer Schule erworben.	Allgemeine Bildung ist durch Schulen nicht zu erreichen. Die Bildung, die in Lebenszusammenhängen erworben wird, wird von Schulen ignoriert und abgewertet.
Schulen sind Orte des Lernens. Ergebnisse des Lernens sind abhängig von der Länge des Schulbesuchs und zeigen sich in Noten und schulischen Abschlüssen. Mehr Lernen erfordert mehr Schulen.	Die meisten Menschen erwerben den größten Teil ihres Wissens außerhalb der Schule. Lernen ist eine selbst bestimmte, persönliche Tätigkeit. Schulischer Unterricht bedeutet Fremdbestimmung und Abwertung selbst bestimmter Lernprozesse. Schulische Abschlüsse sagen wenig über tatsächliche Kenntnisse, Fähigkeiten und Fertigkeiten aus.
Um lernen zu können, bedarf es einer professionellen Anleitung durch eine staatlich angestellte Lehrkraft. Mehr Lernen erfordert mehr Lehrer/innen.	Die für Lernprozesse unabdingbaren personalen Beziehungen zwischen Lernenden und Lehrenden können in neuen Lehr-Lern-Zusammenhängen hergestellt werden.
Wenn öffentliche Mittel dem Bildungssystem zufließen, erhalten alle gleichermaßen Zugang zum Klassenzimmer.	Öffentliche Schulen kommen hauptsächlich »den wenigen zugute, die bis zu den obersten Stufen des Systems vordringen« (Illich 1996, S. 21). Die knappen Mittel werden hauptsächlich für die Kinder der Wenigen verwendet.
Schulen sind die Keimzellen einer liberalen Gesellschaft.	»Alle Sicherungen der persönlichen Freiheit werden im Umgang eines Lehrers mit seinem Schüler aufgehoben. Vereinigt der Lehrer in seiner Person die Rollen des Richters, des Ideologen und des Arztes, so wird die für die Demokratie charakteristische Gewaltenteilung gerade in der Schule verleugnet.« (Illich 1995, S. 55)
Die Schule schützt die Kinder.	»Der Schulbesuch entfernt das Kind aus der Alltagswelt der westlichen Zivilisation und stürzt es in eine Umgebung, die viel primitiver, magischer und von tödlichem Ernst ist.« (Illich 1995, S. 57)

Mythen	Kritikpunkte
Lehrer sind diejenigen, die am besten unterrichten können.	Lehrer monopolisieren das Recht auf Lehren. Es sollten die Möglichkeiten zum unkonzessionierten Lehren und Lernen erweitert werden.
Schulen sind Triebkräfte des industriellen und gesellschaftlichen Fortschritts.	Schulen erziehen die Armen dazu, reich zu denken und neue Ansprüche zu entwickeln, die nie erfüllt werden können. Zugleich verursachen sie das Gefühl, für ein mögliches Scheitern persönlich verantwortlich zu sein.
Schulen leisten einen Beitrag zur Entwicklung und Emanzipation der Armen.	Schulen machen die Armen von einer institutionellen Fürsorge abhängig. So werden die Armen seelisch ohnmächtig und praktisch hilflos. Sie verlieren die Fähigkeit, ihr Leben gemäß den eigenen Erfahrungen und Möglichkeiten einzurichten.
Die allgemeine Schulpflicht ist ein Beitrag zum Abbau sozialer Ungleichheit.	Schulen dienen vor allem den Reichen und Privilegierten; ihre öffentliche Finanzierung ist eine Form regressiver Besteuerung. Bezahlt von der Mehrheit bevorteilen sie eine Minderheit.
Die Schulpflicht ist eine gesellschaftliche Errungenschaft.	Obligatorische Schulbildung bewirkt eine Polarisierung der Gesellschaft. Es entstehen Rangordnungen nach der Länge des Schulbesuchs. Darüber hinaus werden ganze Völker – je nach Länge der Schulpflicht – in Kasten eingeteilt.
Schulen ermöglichen die Integration in die Gesellschaft.	Schulen bewirken die Herausbildung einer Elite. Sie fördern neue Formen der Benachteiligung und verfestigen sie.
Gleiche Schulbildung für alle ist möglich und anzustreben.	Gleiche Schulbildung für alle ist nicht finanzierbar.
Schulen helfen bei der kulturellen Höherentwicklung der Menschen.	Schulen verallgemeinern die Konsumziele der Akademiker und setzen so Maßstäbe für den Lebensstandard aller.

vorne (Vorschulklassen) und hinten (Erwachsenenbildung), durch ihre Selbstverschreibung auch als Lösung für die Probleme der Kinder und Jugendlichen, die an der Schule scheiterten (z.b. Hauptschulkurse für Schulabbrecher), durch die Ausdehnung des Erziehungszweckes. Er beklagt die wachsenden Kosten des Bildungssystems, z.b das Wachsen der Pro-Kopf-Kosten der Schulbildung und die Erhöhung des Anteils der Bildungsausgaben an den Staatsausgaben und kritisiert das Monopol der Schule bei der Vergabe von Berechtigungen. Die Schule werde immer mehr von Experten dominiert. Gleichzeitig blieben die Leistungen der Schulen gegenüber den an sie gerichteten Erwartungen zurück. Abgeschnitten von realen gesellschaftlichen Problemen steige die Irrelevanz des in der Schule Gelernten. Diese Tatsache werde nur durch die gleichzeitig wachsende Bedeutung formaler Bildungsabschlüsse verdeckt. Illich entwickelt folgende Anspruchskriterien an ein gutes Bildungssystem:

»*Es sollte allen, die lernen wollen, zu jedem Zeitpunkt ihres Lebens Zugang zu vorhandenen Möglichkeiten gewähren; es sollte alle, die ihr Wissen mit anderen teilen wollen, ermächtigen, diejenigen zu finden, die von ihnen lernen wollen; schließlich sollte es allen, die der Öffentlichkeit ein Problem vorlegen wollen, Gelegenheit verschaffen, ihre Sache vorzutragen. Ein solches System würde die Anwendung verfassungsmäßiger Garantien für das Bildungswesen erfordern. Lernende sollten weder dazu gezwungen werden, sich einem obligatorischen Curriculum zu unterwerfen, noch sollten sie danach unterschieden werden, ob sie ein Zeugnis oder Diplom besitzen oder nicht. Ferner sollte die Öffentlichkeit nicht gezwungen werden, durch rückwirkende Besteuerung einen riesigen Apparat an hauptberuflichen Lehrern und Gebäuden zu unterhalten, der de facto die Lernmöglichkeiten eben dieser Öffentlichkeit auf Dienste beschränkt, die der Berufsstand auf den Markt zu bringen bereit ist. Ein gutes Bildungswesen sollte sich der modernen Technik bedienen, um Redefreiheit, Versammlungsfreiheit und eine freie Presse wahrhaft zum Gemeingut zu machen und dadurch in vollem Umfang in den Dienst der Bildung zu stellen.*« (Illich 1995, S. 109)

Zur Verwirklichung dieser Maximen entwickelt Illich (1995, S. 112f.) folgende Vorschläge:

- Abschaffung der Schulpflicht, Abschaffung der Pflichtschule,
- Verbot jeglicher Diskriminierung, welche die Anstellung, das Stimmrecht oder die Zulassung zu Bildungseinrichtungen davon abhängig macht, dass man an einem lehrplanmäßigen Unterricht teilgenommen hat,
- Einführung von Befähigungsprüfungen für ein Amt oder eine sonstige Aufgabe,
- Rückgabe der Verantwortung für den Lernprozess an den jeweiligen Lerner und (bestenfalls) einen möglichen Berater,
- Bereitstellen von Bildungsgutscheinen, die in jeder Ausbildungsstätte eingelöst werden können,
- Bereitstellen von Bildungsmitteln, die dem Einzelnen ermöglichen, seine Ziele zu bestimmen und zu erreichen, durch »Nachweisdienste für Bildungsgegenstände«, »Börsen für Fertigkeiten«, »Partnervermittlung« und »Nachweisdienste für Lehrer aller Art«.

Illichs Vorschläge zielen auf eine Vergesellschaftung der Lernmöglichkeiten und eine Rückholung von Lernen in alltägliche Lebens- und Arbeitszusammenhänge. Seine Vision zielt darauf, Bildungsgeflechte zu schaffen, die jedem die Möglichkeit gewähren, jeden Augenblick seines Lebens in eine Zeit des Lernens, der Teilhabe und der Fürsorge zu verwandeln.

In der schulpädagogischen Diskussion wurden Illichs Überlegungen aufgenommen und in Theorien über die Machtfunktion der Schule weiterentwickelt (vgl. von Hentig 1972a; Derbolav 1981; Dauber 1987). Sie wurde aber auch kritisiert (vgl. von Hentig 1972b; Criblez 1991). Hartmut von Hentig meint, dass Illichs Analyse der Schule auf einer »Verschwörer-Theorie« beruhe; sie unterstellte eine bewusste Komplizenschaft zwischen den Organisatoren des kapitalistischen Systems und den Schulleuten (von Hentig 1972b, S. 82f.). Die Schule werde als »Terror«, als »Form der Kriegsführung« wahrgenommen; die Lehrer würden sehr einseitig gezeichnet. Von Hentig zeigt, dass die Entlassung der Kinder und Jugendlichen in die Gesellschaft keine Garantie für die Verwirklichung von Humanität sei (vgl. 1972b, S. 84). Auch ein vernetztes Bildungsangebot statt der Schule könne die Gefahr einer Manipulation, Verführung oder Beherrschung von Kindern nicht aufheben (vgl. von Hentig 1972b, S. 97). Lucien Criblez zeigt, dass Illich die entschulte Gesellschaft als ideale Utopie fasst. Er überschätze die Wirkungen der Schule und begreife den generellen Zustand der Gesellschaft einzig in Abhängigkeit vom Bildungssystem; er unterschätze die Rolle anderer gesellschaftlicher Teilsysteme. Damit überbewerte er auch die Chancen und Möglichkeiten einer Entschulung. Illich reflektiere zu wenig darüber, wie Herrschaft auch in anderen Lernorganisationen wirksam werden könne, und unterstelle, dass Menschen aufgeklärt und selbst bestimmt mit den neu geschaffenen Bildungsmöglichkeiten umgehen könnten und würden (vgl. Criblez 1991, S. 19ff.).

Schulkritik – Ein Beitrag zu einer Theorie der Schule?

Die schulkritischen Positionen hatten auch Einfluss auf Diskussionen um eine »Theorie der Schule«. Hier seien exemplarisch einige kritische Positionen vorgestellt.

Wolfgang Fischer formuliert die Vermutung,

> »*dass die Lehrenden in Schulen primär zu Gehorsam verpflichtete politische Agenten sind, dass pädagogisches Denken im Interesse der Schule der Depotenzierung unterliegt, dass dem Benutzer der Anstalt Schule über kurz oder lang eine Kanalisierung seines Bewusstseins widerfährt. Eine Anstalt des öffentlichen (…) Rechts hat eben ihre besonderen, in der externen Herrschaft fundierten und sich bürokratisch niederschlagenden Zwänge.*« (Fischer 1972, S. 133)

Er prägt den Begriff von der Schule als »parapädagogische Organisation« und stellt heraus, dass durch Verstaatlichung und Institutionalisierung Bildung verhindert werde.

Hans-Jochen Gamm (1970) geht davon aus, dass überkommene Obrigkeitsstrukturen in der Schule, aber auch technokratische Schulreformen eine freie Entfaltung der Produktivität und Kreativität der Schülerinnen und Schüler verhinderten. Er kritisiert idealistisch gefasste pädagogische Begriffe und definiert sie neu (z.b. den pädagogischen Bezug als herrschaftsorientiertes Sozialverhältnis; vgl. Gamm 1970, S. 29f.). Demgegenüber entwirft er eine Konzeption repressionsfreier Erziehung und das Modell einer kritischen Schule. Durch politische Bildung, Sexualerziehung, eine Didaktik des Inkommensurablen soll Kritikfähigkeit gefördert werden. Die »Kritische Schule« steht im Zeichen von Herrschaftsabbau und Demokratisierung und hat das Schülerkollektiv zur Basis. Sie soll zum Schrittmacher für gesellschaftliche Veränderungen werden, indem sie das Freiheitsbewusstsein der Schüler fördert und Freiheit verwirklicht.

In Anlehnung an Michel Foucault beschreibt *Horst Rumpf* den Beitrag, den die organisierte Erziehung zum Eindringen der Macht in das Innere der Körper leistet. Erziehungsdokumente aus dem 18. und 19. Jahrhundert verdeutlichen, wie die Körper in die Zucht genommen wurden durch eine Überwachung der Haltung beim Stehen und Gehen, beim Verbeugen und Knien, beim Sitzen und Schreiben und durch Zähmung der Genuss-, Ess- und Schlaflust. Die Körper wurden – durch Kasteiungen – gegen Kälte, Hitze und Schmerzen abgehärtet, Scham- und Peinlichkeitsgrenzen durch eine Überwachung der Onanie und eine Disziplinierung der Einbildungskraft durchgesetzt. Die schulische Erziehung verhalf der Macht, in die Körper einzudringen, sie zu zergliedern und neu zusammenzusetzen. Die Einschließung der Kinder in der Schule, die Zuweisung eines Platzes in einer festen Sitzordnung, die Klassifizierung der Schüler/innen in einer Rangordnung, die Reglementierung ihrer Zeit, die Disziplinierung und Überwachung von Gesten und Tätigkeiten, die Festlegung auf gegenseitige Beobachtung, ein System von Beförderung und Zurücksetzung, von Strafen und Prüfungen waren Mechanismen, durch die die Disziplinargewalt – über und durch die Schule – ihre Macht festigte. Die Schule beförderte die Kontrolle der Kleidung, der Haltung, der Gestik; Behaglichkeit und Nachlässigkeit wurden verpönt, willkürliche und spontane Bewegungen waren zu kontrollieren. Der Körper sollte gegen Angst, Schwäche, Schmerz, Hilflosigkeit und Hinfälligkeit abgehärtet werden. Lehrer trugen Züge von »Körperpolizisten«, Schulgebäude Züge von »Kasernen und Gefängnissen« (Rumpf [2]1988, S. 94). Auch wenn gegenwärtig – bedingt durch die informellen und lockeren Beziehungen in bundesrepublikanischen Schulen – eine Beschreibung der disziplinierenden Wirkung dieser Institution als überholt anmutet, so halten sich doch »Tiefenstrukturen des Schullernens« wie die

> *»Abdichtung der Lernzeit gegen die Lebenszeit; die Sprachgrenze zwischen Umgangssprache und Fachsprache (…); die Isolierung der zu schulenden Fähigkeiten (…) untereinander wie von einer folgenreichen Lebenspraxis; die Organisation und Kontrolle dieser sorgfältig entmischten Vorgänge durch (…) Lehrspezialisten«* (Rumpf [2]1988, S. 68).

Zum Weiterlesen:

Baumgart, F./Lange, U. (Hrsg.): Theorien der Schule. Bad Heilbrunn 1999.

Diederich, J./Tenorth, H.-E.: Theorie der Schule. Ein Studienbuch zu Geschichte, Funktionen und Gestaltung. Berlin 1997.

Fend, H.: Theorie der Schule. München/Wien/Baltimore 1980.

Tillmann, K.-J. (Hrsg.): Schultheorien. Hamburg 1987.

Wege zur Erneuerung und Reform von Schulen

Im vorangegangenen Kapitel ging es um verschiedene Perspektiven auf die Schule, um Ansätze zu einer Theorie und – daran anknüpfend – um Aspekte einer Schulkritik. In diesem Kapitel soll gezeigt werden, dass die Kritik an Gesellschaft und Schule einen Beitrag zur Gründung und Erneuerung ihrer Institutionen leistete und leistet. Das zeigt sich in den Musterschulen des 18. Jahrhunderts, in den Schulen der Reformpädagogik und in den Freien Schulen (im 20. Jahrhundert). Ich erörtere, dass Schulen lernfähige Systeme sind, die ihren Lernprozess in einer spezifischen Richtung gestalten, zeige Dimensionen der (inneren) Veränderung in Schulen auf und schließe mit Überlegungen zur Schulentwicklung als Einzelschulentwicklung.

Musterschulen – ein Vorbild für den Aufbau des staatlichen Schulwesens?

Im 18. Jahrhundert wurden von einzelnen Pädagogen Schulen gegründet, die zum Vorbild eines flächendeckenden Ausbaus eines Schulwesens wurden. Zu solchen *Musterschulen* zähle ich z.b. die Armenschule von August Hermann Francke (1663–1727) in Halle, einzelne Industrieschulen, Bernhard von Rochows (1734–1805) Schule in der Mark Brandenburg, Johann Bernhard Basedows (1724–1790) Schulanstalt in Dessau (Philanthropin) oder Johann Heinrich Pestalozzis (1746–1827) Armenschule.

Das Projekt Schule wurde (bezogen auf Etablierung und Verankerung) ein beispielloser Erfolg. Die Verstaatlichung der Schule und ihre Expansion gingen mit der Professionalisierung des Volksschullehrerstandes und seinem Aufstieg Hand in Hand. Das geschah mit typischen Mechanismen. Jürgen Oelkers fasst sie so zusammen:

> *»(i) Aufbau einer operationsfähigen Vereinstätigkeit mit publizistischem Einfluss und öffentlicher Geltung, (ii) Ausbau der Schule, also Verdichtung, Normierung und zeitliche Streckung des Schulbesuchs, (iii) Professionalisierung des Standes, besonders durch die Lehrerausbildung, (iv) Anbindung an die Wissenschaften, besonders der Pädagogik und der Psychologie, sowie (v) Sicherung der staatlichen Überlebensgarantie durch Politisierung der Einflüsse.«*
> (Oelkers 1995, S. 36)

Verknüpft mit der Expansion der staatlichen Schulen wurde über diese geklagt. So wurden u.a. die Zersplitterung des Lehrplanes und die Überforderung der Schüler mit zu viel Stoff angeprangert, Warnungen vor den gesundheitsschädigenden Auswirkungen der Verschulung (»Überbürdungsdiskussion«) ausgesprochen und die Dominanz altsprachlicher Studien kritisch diskutiert. Zu Beginn des 20. Jahrhunderts kam es zu einer Zunahme schulkritischer Stimmen. Die Schulkritik speiste sich aus zwei Quellen. Erstens wurde eine *revolutionär-politische* und zweitens eine *pädagogische* Schulkritik formuliert.

Die politische Schulkritik und die Gründung bekenntnisfreier Schulen

Die politische Schulkritik mit sozialen Wurzeln in der Arbeiterbewegung forderte *freie, (bekenntnisfreie) weltliche Schulen* und deren gesetzliche Verankerung. Diese Schulen sollten nicht nur auf Religionsunterricht verzichten und stattdessen Lebenskunde anbieten, sondern die Prügelstrafe abschaffen, zur Selbstbestimmung erziehen und Koedukation praktizieren. Neben einem aktiven Schulleben wurden sportliche Betätigung, Wanderungen, Arbeits- und Werkunterricht und das Angebot von vielfältigen Arbeitsgemeinschaften gefordert. Die Schulen sollten Schülerinnen und Schülern sowie Eltern vielfältige Formen der Partizipation eröffnen. Eine Vielzahl solcher Schulen wurde gegen den Widerstand der Kirchen in der Weimarer Republik gegründet (vgl. Behrends-Cobet/Schmidt/Bajohr 1986; Rödler 1987).

Fritz Karsen begriff die »Lebensgemeinschaftsschulen« als Ansätze einer »revolutionären Schule«. Sie waren von verschiedenen pädagogischen und sozialen Motiven bestimmt und wollten über die Gemeinschaft der Schule hinaus wirken sowie eine der sozialen Gemeinschaft angemessene Form entfalten. Wolfgang Scheibe (1969) nennt folgende Hauptpunkte des Gemeinschaftsgedankens dieser Schulen: Sie hatten in der Einheitsschule ihr Vorbild, auch wenn sie zum überwiegenden Teil allein Volksschulen waren. Eltern wurden zur Mitbestimmung herangezogen. Man intendierte die pädagogische Übereinstimmung der Lehrkräfte einer Schule; das Kollegium verstand sich als Arbeitsgemeinschaft, das durch Mehrheitsbeschluss Grundsätze der Arbeit zu regeln hatte. Mitglieder der Lehrerschaft, die damit nicht übereinstimmten, sollten ausscheiden. Die Schulleitung wurde als Beauftragte des Kollegiums begriffen. Der Gemeinschaftsgedanke bezog sich auch auf das Verhältnis der Lehrkräfte zu den Schülern. Dieses sollte von Kameradschaftlichkeit bestimmt sein. Darüber hinaus wurde der Schülerschaft eine Vielzahl von Partizipationsmöglichkeiten durch Studientage, Schulfahrten, Schülerzeitung, Schülerselbstverwaltung und Schulgemeinde eingeräumt. In den Lebensgemeinschaftsschulen wurde eine Vielzahl »innerer Reformen« verwirklicht, z.B. die Beseitigung des Frontalunterrichts und seine Ersetzung durch den Gesamtunterricht, die Förderung des Unterrichtsgesprächs und der Gruppenarbeit, von Arbeitsgemeinschaften der Schülerinnen und Schüler und von Kursen. Der Stundenplan wurde umgestaltet und es gab keine Ziffernzeugnisse (vgl. Scheibe 1969, S. 295ff.; Oelkers 1989, S. 170ff.).

Die Schulen der Reformpädagogik

Eine zweite Richtung der Schulkritik ist pädagogisch akzentuiert. Wolfgang Scheibe nennt folgende Facetten einer pädagogischen Kritik an der staatlichen Schule: das Anprangern der »Seelenmorde« in den Schulen, eine Beschreibung der Schule als »Zwangs-« bzw. »Strafanstalt«, das Problematisieren der Schule als »Stoff-«, »Buch-« bzw. einseitig ausgerichteter »Lernschule«, die Kritik an den autoritären Lehrern und der Ruf nach Persönlichkeiten (vgl. 1969, S. 68ff.). Es wird eine »neue« Schule gefordert, die vom Prinzip der »Freiheit« bestimmt ist, eine Schule, die keinen anstaltsförmigen Charakter trägt, sondern sich als »Lebensform« mit einer lebendigen Schulgemeinschaft (»Lebensgemeinschaftsschule«) begreift. In ihr sollen die Beziehungen nicht von einer Hierarchie überformt, sondern Ausdruck frei gestalteter Begegnungen sein. Der lehrerorientierten Schulorganisation des 19. Jahrhunderts wird eine solche entgegengestellt, die auf die Emporbildung der Kräfte des Kindes zielt. Den verbindlichen Stoffen, oft in Musterlektionen vermittelt, die zu vorgeschriebenen Gedankengängen anleiten, wird ein »natürlicher Unterricht« als Alternative entgegengesetzt, in dem es auf die »Aktivität« der Schüler ankomme.

In der pädagogischen Kritik an der Schule lassen sich verschiedene Strömungen unterscheiden. Die eine ist wesentlich kulturkritisch orientiert, eine weitere speist sich aus dem Interesse an einer kindgemäßen Schule (vgl. Apel 1995). Aus der Kritik resultieren zu Beginn des 20. Jahrhunderts zahlreiche Schulgründungen. Die Schulen verstehen sich als verkörperte Kritik am Regelschulwesen und beeinflussen durch ihre Vorbildwirkung, aber auch durch die Übernahme einzelner Elemente in das staatliche Regelschulsystem die Diskussion um die Reform von Schulen. Im Folgenden sollen einzelne Schulen genauer vorgestellt werden:

Berthold Otto (1859–1933) gründete in Berlin-Lichterfelde eine »Hauslehrerschule«, die zeitweilig 60 bis 80 Kinder (Jungen und Mädchen) im Alter von 6 bis 16 Jahren beschulte. Diese verstand sich als erweiterte Familie. »Die Schule nahm Schüler und Schülerinnen gleich welcher Konfession und Weltanschauung auf. Von den Eltern wurde erwartet, dass sie den pädagogischen Grundsätzen der Schule zustimmten, ihre Kinder in gleichem Sinne erzogen und einen engen Kontakt mit der Schule wahrten.« (Scheibe 1969, S. 92) Der Unterricht fand in Kursen und als Gesamtunterricht statt. Unter-, Mittel- und Oberkurs bauten aufeinander auf. Es gab keine Zeugnisse und kein Sitzenbleiben. Der Besuch des Unterrichts war freiwillig, allerdings waren das Interesse am Unterricht und auch die Scheu aufzufallen so stark, dass es selten zum Fehlen kam. Es gab keinen Lehrplan, der das Lernen verbindlich strukturierte. Der Unterricht fand drei- bis viermal in der Woche in der letzten Schulstunde als Gesamtunterricht statt, der von Berthold Otto geleitet wurde. Auf der Tagesordnung standen von den Schülerinnen und Schülern gewünschte Themen wie persönliche Erlebnisse, ausgewählte Sachfragen aus Politik, Kultur oder Technik. Im Gesamtunterricht kam dem Gespräch als Bildungsform, der ungefächert-ganzheitlichen Thematik und der Verständigung eine große Rolle zu. Die Gespräche wurden protokolliert. Neben dem »großen Gesamtunterricht« gab es für jede Stufe einen »besonderen Gesamtunterricht«. In Berthold Ottos Schule wurden Formen der Schülermitverwaltung praktiziert wie eine »Volksversammlung« oder ein »Schülergericht«.

Hermann Lietz (1868–1919), *Gustav Wyneken* (1875–1964) und *Paul Geheeb* (1870–1961) gründeten zu Beginn des 20. Jahrhunderts eigene Schulen. Die Landerziehungsheime waren vom Gedanken einer Elitebildung getragen. Sie lagen außerhalb der Städte in ländlicher Umgebung und gaben der Erziehung Priorität. Gemeinsam war ihnen eine kulturkritische Einstellung gegenüber den zivilisatorischen Gefahren und der Dekadenz der großen Städte, die kritische Einschätzung der Erziehungsmöglichkeiten der Familie und die Kritik an der alten Staatsschule mit ihren starren Inhalten und Methoden. Die Schule in Heimform auf dem Lande ermöglichte – durch die Lebensgemeinschaft – eine umfassende Erziehung. Körperliche Arbeit in Garten und Landwirtschaft, handwerkliche Werkstattarbeit und körperliche Ertüchtigung wurden geschätzt. Die Landerziehungsheime begriffen sich als Stätten der Jugend, in denen diese ein ihr gemäßes Leben führen könne. Sie verstanden sich als freie Schulgemeinden, die unabhängig von kirchlichem und staatlichem Einfluss waren.

»Die Zielsetzung der Landerziehungsheime ist (…) ›national‹, ›sozial‹ und ›sittlich-religiös‹ (…), wobei das Nationale besonders wichtig erscheint (…). Daneben wird die Erfahrung des Landlebens als wichtiges Erziehungsmittel genannt, das Beispiel und Vorbild des Erziehers, Spiel, Sport und körperliche Arbeit, schließlich auch (…) die ›wissenschaftliche Arbeit‹.« (Oelkers 1989, S. 109)

Die Erziehung der Jugend durch die Jugend schien bedeutsam. Dabei wurden in unterschiedlichem Maß Formen der Schülermitverwaltung praktiziert (vgl. Kiper 1997).

Peter Petersens (1884–1952) Jenaplanschule zielte auf die Reform des Bauplans der Schule und damit auf die Veränderung der normalen Staatsschule. Oelkers versteht Petersens »Kleinen Jenaplan« als »Synthese der reformpädagogischen Kritik und Praxis der Schule« (1989, S. 117). Er fasst das neue und originelle Ensemble des Jenaplans so zusammen:

»*Die grundlegende Einheit sind nicht ›Klassen‹ von Jahrgängen, sondern Stammgruppen, die nach Altersstufen zusammengefasst werden. Das erlaubt vielfältigere pädagogische Wirkungsmöglichkeiten, zum Beispiel im Blick auf das Helfersystem unter den Schülern, aber auch bezogen auf den Lehrplan und die Differenzierung der Unterrichtsarbeit. Die Einteilung in mehrjährige ›Stammgruppen‹ entlastet die Schularbeit vom Jahreswechsel und damit auch von den jährlichen ›Versetzungen‹. Die Schüler werden beurteilt, aber nicht mehr gegeneinander aussortiert. Dieser organischen Lösung entspricht die Gestaltung der Tage und Wochen im Schulleben: Statt eines in einzelne Fachstunden zerstückelten Tages-Stundenplans kennt die Jena-Plan-Schule nur einen flexiblen Wochenarbeitsplan (…). Er kann weit mehr inhaltlich auf die jeweilige pädagogische Situation reagieren, als dies in der Stoffverteilung der Normalschule möglich ist. Die hauptsächliche Unterrichtsform ist die selbsttätige Gruppenarbeit, die durch Kurse ergänzt werden kann, in denen dasjenige Wissen vermittelt wird, das die Gruppenarbeit selbst nicht hervorbringt. (…) Das Schulleben komplementiert die Konstruktion. Gemeint ist die Beteiligung der Eltern an der schulischen Arbeit in der ›Schulgemeinde‹, die besondere Bedeutung von Festen und Feiern, die der Gemeinschaftsbildung dienen, und nicht zuletzt die ästhetische Gestaltung des Schulraumes, durch die die Schule zum Wohnraum werden soll. Sie ist damit weder nur Arbeits- noch bloße Lernschule, sondern eben ein ›Lebeganzes‹ und damit eine beständige Gestaltungsaufgabe, die nicht nachlassendes Engagement verlangt. Sie wird als Gemeinschaft (…) verstanden.*« (Oelkers 1989, S. 119f.)

Jürgen Oelkers verdeutlicht, dass die internationale Reformpädagogik als Gemeinsamkeit ein *Paradigma der Kritik* entwickelte. Zugleich blieben die positiven Entwürfe außerordentlich heterogen (vgl. Oelkers 1995, S. 49). Aber wenn sich diese auch konzeptionell unterschieden, so waren die praktisch umgesetzten Alternativen »auf überraschende Weise (...) uniform« (Oelkers 1995, S. 53). Einen Grund dafür sieht er darin, dass die Reformschulen der Weimarer Republik ein Hauptanliegen – unabhängig vom pädagogischen Selbstverständnis und ihrer Einbindung – teilten, nämlich »die Struktur der pädagogischen Institution des 19. Jahrhunderts zu verändern, also den Zeittakt der Schulstunden, die Hierarchie der sozialen Beziehungen, den Formalismus der Methode, die Vorschrift des Lernens durch den Lehrplan und nicht zuletzt die Distanz der Schule vom Leben« (Oelkers 1989, S. 111).

Die Schulkritik in der Bundesrepublik Deutschland und die Gründung Freier Schulen

In der Bundesrepublik der 1970er-Jahre kam es erneut zu Formen intensiver Schulkritik. Dabei nahm die Schüler- und Studentenbewegung zunächst nicht die Tradition reformpädagogisch ausgerichteter Schulkritik auf. In der Folge der Entschulungsdebatte in den 1960er- und 1970er-Jahren, der Diskussion um neue Prinzipien in der Erziehung und der Auseinandersetzung mit Alternativen im Ausland, kam es zu zahlreichen Initiativen für *Freie Schulen* oder zu Schulgründungen (z.B. Glocksee-Schule Hannover, Freie Schule Kreuzberg, UFA-Schule Berlin, die Freien Schulen in Bochum, Frankfurt, Offenburg, die Kinderschule Bremen; vgl. Borchert/ Maas 1998). Die Freien Schulen begannen ihre Arbeit ohne staatliche Anerkennung oder befanden sich lange im gesetzlichen Schwebezustand zwischen Anerkennung und Ablehnung (vgl. Behr/Jeske 1982, S. 172ff.; Wehnes 1982). Im Mai 1998 gab es 36 arbeitende Freie Alternativschulen mit 1.600 Schüler/innen und zehn weitere Initiativen zur Gründung Freier Alternativschulen (vgl. Maas 1998). Zu den Elementen dieser Alternativschulen zählen Selbstregulierung, Praktizierung von Demokratie, Recht der Kinder auf

Selbstbestimmung, Glück und Zufriedenheit, Ablehnung von Zwangsmitteln zur Disziplinierung, die Förderung emanzipatorischer Lernprozesse und die Selbstverwaltung von Schulen. Diese Positionen finden sich in der Grundsatzerklärung des »Bundesverbandes der Freien Alternativschulen in der BRD e.V.« (FAS; vgl. Maas 1998, S. 19). Nach 30 Jahren (neuer) Alternativschulbewegung werden ihre Erträge von den Anhänger/innen so zusammengefasst: Geborgenheit in kleinen, überschaubaren Schulen; Unterricht in differenzierter Angebotsform; lebendige Vielfalt des Lerngeschehens; Erfahrungs- und handlungsorientiertes Lernen; ganzheitliches und vernetztes Lernen und veränderte Formen der Leistungsbeurteilung (vgl. Maas 1998, S. 20).

Schulkritik und die Einrichtung von Versuchsschulen

Neben Alternativschulen oder *Gegenschulen*, deren Struktur und Curriculum dem allgemeinen öffentlichen Schulwesen entgegengesetzt sind« (z.b. Schulen ethnischer und konfessioneller Minderheiten, aber auch Bekenntnisschulen) nennt Ingo Richter *Modellschulen*, die ein Vorbild für geplante Strukturreformen seien. Diese könnten, abhängig von politischen Entscheidungen, ihren Charakter ändern. Als *Experimentalschulen* bezeichnet Richter Einrichtungen, »um innerhalb eines begrenzten Zeitraums aufgrund praktischer Erfahrungen und wissenschaftlicher Untersuchungen die Voraussetzungen für politische Entscheidungen über Strukturreform im Bildungswesen zu treffen« (1979, S. 67). Als ein Schulversuch mit wissenschaftlicher Begleitforschung kann die von Hartmut von Hentig gegründete Laborschule in Bielefeld verstanden werden. Michael Behr und Werner Jeske (1982, S. 126ff.) beschreiben als »Schulversuche« daneben noch die Aktion Sonnenschein (München), das Krefelder Modell, das Grundschulprojekt Gievenbeck und die Glockseeschule in Hannover.

Die Wertschätzung privater Schulen als Orte neuer pädagogische Initiativen und der Erprobung von Reformen wird von einigen Autoren skeptisch gesehen. Als konfessionelle Bekenntnisschulen z.B. stellten sie ähnliche oder gleiche curriculare Anforderungen wie die staatlichen Schulen. Darüber hinaus sei ihr Spielraum durch die Angebote im schulischen Sektor festgelegt. Sie würden oftmals das (fehlende) staatliche Angebot nur ersetzen oder ergänzen mit der Konsequenz, dass – bei Expansion des staatlichen Schulwesens – ihre Situation als private Schule prekär werde. Sie könnten verdrängt und ersetzt werden. Peter M. Roeder weist darauf hin, dass Privatschulen eine wichtige Rolle bei der »Reproduktion des sozialen Status über die Generationenfolge hinweg« übernähmen (1979, S. 17); ihnen käme eine wichtige Ausgleichsfunktion beim pädagogischen Scheitern der Elternhäuser oder beim Versagen der staatlichen Schule zu. Neben privaten Schulen mit weltanschaulichen Erziehungskonzepten gäbe es solche, die die religiöse und soziale Identität von Minderheiten durch die Konzentration des Lehrplans auf die Vermittlung kultureller Traditionen in strenger Absonderung vom öffentlichen Schulwesen intendierten. Daneben gäbe es eine Vielzahl privater Schulen mit offen traditionalistischer Orientierung. Er weist darüber hinaus darauf hin, dass Ansätze zur Schulreform in privaten und staatlichen Schulen gleichermaßen umgesetzt wurden (vgl. Roeder 1979, S. 27).

Schulen als lernfähige Systeme

Die Diskussion um die Veränderung, Erneuerung und Innovation der staatlichen Schule gehen auf schulkritische Überlegungen im weitesten Sinne zurück. Die Schulreformdiskussion geht fast ausschließlich in eine Richtung, »die die Radikalität begrenzt und das Pragmatische als Dimension der Veränderung akzeptiert. Der historische (wenngleich ständig eklektische) Rückgriff gilt bestimmten Mustern der Reform, die sich mit der Verschulung vereinbaren lassen (…).« (Oelkers 1995, S. 61)

»Schulen lernen immer nur in Richtung ihrer Zweckbestimmung, vor allem in Richtung unterrichtlicher Lernorganisation, also nach pragmatischen Bedürfnissen. Was die Zweckbestimmung unterläuft oder sie übersteigt, wird abgestoßen oder erst gar nicht angenommen. Umgekehrt wird das adaptiert, was den langfristigen Ef-

fekt verstärkt oder zu verstärken scheint. (...) Das System lernt, sich selbst zu bewahren und in der einmal gefundenen Form fortzusetzen, ohne die Stressbelastungen zu groß werden zu lassen.« (Oelkers 1995, S. 176f.)

Dimensionen der Lernfähigkeit

Die ausgewählten Merkmale zur Beschreibung von Schulen (vgl. Einsiedler [3]1978, S. 34) können zu Dimensionen der Veränderung umformuliert werden. Als solche Dimensionen der inneren Reformmöglichkeit sehe ich u.a.

- die *leitenden Ideen* oder das pädagogische Ethos der Schule,
- den Bezug zwischen leitenden Ideen und (charismatischen) *Persönlichkeiten,*
- die *Schulleitung* (Team) und die innere Gliederung der Schule (Gesamtkonferenzen, Fachkonferenzen, Klassenkonferenzen),
- die *Architektur* (Gestaltung der Schule, des Schulhofs, des Schulgartens) und die Gestaltung der Klassen- und Fachräume,
- die *Zeit*struktur (Ganztags- oder Halbtagsbetrieb, Ausgabe von Essen oder nicht), Organisation der Unterrichtszeit (in 45 Minuten oder in größeren Zeitblöcken) und die Pausen,
- das *Personal* und seine Rekrutierung (Verhältnis von Erzieher/innen, Lehrer/innen, Sozialpädagog/innen, Psycholog/innen),
- *Elternpartizipation,*
- *Schülerpartizipation* (auf der Ebene der Klasse/Stammgruppe, Jahrgang, Gesamtschule),
- das *Schulleben* und die Gewichtung von »Leben« und »Lernen«,
- das *Curriculum der Schule* und seine Entwicklung,
- *fachbezogenes* oder *fächerübergreifendes* Lernen,
- Unterrichtskonzepte und -prinzipien,
- die Gestaltung der *Anforderungsstruktur* und die Gewichtung des Leistungsprinzips einschließlich der Formen der Bewertung (Ziffernzeugnisse oder verbale Zeugnisse),
- die Gestaltung *integrativer* und *differenzierender* Elemente,
- den Umgang mit *Versetzung* resp. »Wiederholung«,

- die *Öffnung der Schule* zum Umfeld (z.B. durch Exkursionen, Reisen, Praktika, aber auch durch die Gewinnung von Expert/innen für die Arbeit in der Schule).

Diese Dimensionen zeigen, wo innerhalb der Schule Veränderungen angelegt werden können.

Was ist eine gute Schule?

Seit den 1990er-Jahren wird eine intensive Diskussion um Schulen als »lernende Systeme« geführt. Ihren Ausgang nahm diese von Überlegungen über gute und effektive Schulen und deren Merkmale. Die Diskussion um die gute Schule beginnt in der Bundesrepublik am Ende der 1970er-Jahre auf dem Hintergrund einer Rezeption der amerikanischen Diskussion (vgl. Bargel 1996, S. 48). Sie nimmt einen Aufschwung mit der Veröffentlichung der Studie »Fünfzehntausend Stunden – Schulen und ihre Wirkung auf Kinder« (Rutter u.a. 1980). Hartmut von Hentig fragt im Vorwort zur deutschen Ausgabe dieser Studie, was eine Schule zur guten, humanen, leistungskräftigen Schule mache (1980, S. 9, 22).

Die in der Bundesrepublik durchgeführten Schuluntersuchungen, die auf einen Vergleich von Gesamtschulen und Schulen des dreigliedrigen Schulsystems zielten, verdeutlichten, dass weniger die schulische Organisationsform als vielmehr die Einzelschule und der kumulative Effekt der verschiedenen Aspekte der Schulsituation, das »Schulethos«, die Grundstruktur aus Wertorientierungen, Einstellungen und Verhaltensmuster (vgl. Rutter u.a. 1980, S. 211, 215) von Bedeutung für die Qualität der Schule sind. Auf dieser Grundlage richtet sich die Aufmerksamkeit auf die Erkundung der Wirksamkeit und Qualität von Schulen. Helmut Fend schlüsselte die Daten von über 180 Schulen auf.

»Es handelte sich um die Aussagen von Schulleitern und Lehrern über ihre Arbeitszufriedenheit, ihre Problemwahrnehmungen an ihrer Schule, über die kollegialen und die Schüler-Lehrer-Beziehungen. Auf dieser Grundlage profilierte Fend ›gute‹ und ›schlech-

te‹ Schulen – gleichsam in der Selbstwahrnehmung der Lehrer/innen und Schulleitungen, um sie dann in ihren Unterschieden zu beschreiben. Danach zeichnen sich die ›guten Schulen‹ vor allem durch eine höhere Stufe der inneren Bindung, Kooperation und sozialen Integration des Kollegiums aus sowie durch eine stärkere pädagogische Zuwendung zum Schüler: Diese werden als aktive Herausforderung angesehen und weniger als Problemlast empfunden. Außerdem zeigte sich, dass das vielfältigere Schulleben und das positivere Schulklima einen besonderen Stellenwert für die Güte der Schulen besitzen. Schließlich war nicht zu übersehen, dass sich hohe und positive Leistungserwartungen vonseiten der Lehrer und ein geregeltes, anregendes Lernklima positiv auf das Schulleistungsniveau insgesamt auswirken.« (Bargel 1996, S. 50)

Lawrence Purkey und Marshall S. Smith ([2]1991) fassen die Ergebnisse einer Vielzahl von Studien der amerikanischen Schulwirkungsforschung zusammen, zeichnen auf dieser Grundlage das *Porträt einer wirksamen und effektiven Schule* und nennen neun Merkmale. Sie stellen heraus, dass die Leitung der Schule und deren unterrichtsbezogene Führung von besonderer Relevanz sei. Darüber hinaus akzentuieren sie die Bedeutung der Stabilität des Kollegiums. Sie verweisen auf die Artikulation und Organisation des Curriculums. Für Sekundarschulen scheine ein geplantes und zielorientiertes Unterrichtsangebot im Bereich der Allgemeinbildung nützlicher zu sein als ein Programm, in dem viele Wahl- und wenige Pflichtfächer angeboten würden. Fünftens stellen sie die Bedeutung der Weiterbildung des Kollegiums im Ganzen heraus, die eng mit dem Unterrichtsprogramm der Schule verbunden sein müsse. Sie betonen den Faktor *Unterstützung und Mitarbeit der Eltern* als wichtige Bedingung für Effektivität. Relevant seien darüber hinaus die Anerkennung fachunterrichtlicher Leistungserfolge, die wirksame Nutzung von Unterrichtszeit und die Unterstützung durch die regionale Schulbehörde (vgl. Purkey/Smith [2]1991, S. 36ff.). Sie betonen die »Kultur der Schule«, die – bezogen auf Erfolg oder Misserfolg des Lernens – bedeutsam sei und nennen als Charakteristika einer produktiven Schulkultur gemeinsame Planungen und kollegiale Beziehungen, ein Gefühl der Zusammengehörigkeit, klare Ziele und hohe Erwartungen, die von allen geteilt werden, und Prozesse der Herstellung eines Grundstandards von Ordnung in der Schule auf der Basis einer Verständigung über vernünftige Regeln, deren Beachtung fair und konsequent durchgesetzt wird (vgl. Purkey/Smith [2]1991, S. 38f.). Schulen seien funktionierende soziale Systeme mit jeweils charakteristischen Kulturen, die offen für Veränderungen seien.

Was eine gute Schule ausmacht, wird oftmals mit dem Begriff »Schulethos« (Rutter u.a. 1980; Haenisch 1989, S. 33) oder »Schulklima« (Fend 1989, S. 20) umschrieben. Es umfasst ein ganzes Faktorenbündel. Hans Haenisch betont, dass in guten Schulen überdurchschnittlich häufig eine systematische Zusammenarbeit zwischen Lehrern zu registrieren sei. Diese zeige sich in einem Konsens bezüglich didaktisch-methodischer Fragen, in der Abstimmung der Ziele und der curricularen Fragen des Unterrichts und in der Erörterung und Festlegung übergreifender Verhaltensregeln. In guten Schulen sei eine Zielorientierung in den curricularen Aktivitäten zu beobachten. Es bestehe ein von allen anerkannter und geteilter deutlicher Leistungsanspruch und eine transparente Erwartungshaltung bezogen auf die zu erbringende Leistung durch die Schülerinnen und Schüler. Die Lehrkräfte bemühten sich um eine sinnvolle Hausaufgabenpraxis. In guten Schulen funktioniere die Organisation ohne Störungen. Wichtig dafür sei die Stabilität und Kontinuität im Kollegium, wenig Ausfall- und Vertretungsstunden, ein pünktlicher Unterrichtsbeginn und selten vorzeitig beendete Stunden. In guten Schulen gebe es schulinterne Maßnahmen zur Fortbildung des Kollegiums. In ihnen identifizierten sich die Schülerinnen und Schüler mit ihrer Schule, vielleicht, weil die Lehrkräfte für persönliche Gespräche zur Verfügung stünden und die Schülerinnen und Schüler häufiger partizipierten. In guten Schulen herrsche ein intensives Zusammenwirken von Schule und Elternhaus. Haenisch betont die Bedeutung der Schulleitung:

»a) Effektive Schulleiter sind optimistische Initiatoren dafür, dass die Ziele für die Schule (sowohl curriculare Ziele als auch Ordnungsziele) klar herausgestellt werden, dass klassenübergreifende

Absprachen erfolgen und eingehalten werden; b) sie sind Impulsgeber dafür, dass das Pädagogische in den Mittelpunkt ihres, aber auch des Alltags der Schule gerückt wird (...); c) sie verwenden viel Zeit für den ständigen und engen Kontakt zu den Lehrern, unterstützen und beobachten sie bei ihrer Arbeit – auch dadurch, dass sie mit ihnen über ihren Unterricht diskutieren (...); d) sie sind, bedingt durch den engen Kontakt, auch besser in der Lage, die Arbeit der Lehrer zu würdigen, denn auch Lehrer (...) brauchen Ermutigung; e) sie öffnen die Schule nach außen, suchen Verbindung zu anderen Schulen und sind Wegbereiter für die intensive Zusammenarbeit mit den Eltern.« (Haenisch 1989, S. 38f.)

Lehrer, die guten Unterricht praktizierten, zeigten fünf Verhaltensweisen: Schülerorientierung, Rückmeldung, Strukturierung, Überblick über das Klassengeschehen und Zeitnutzung. Unter *Schülerorientierung* versteht Haenisch eine optimistische und vertrauensvolle Einstellung der Lehrkräfte gegenüber ihren Schülerinnen und Schülern. Diese gehen auf die Schüler ein, ermutigen sie, sich zu melden, und stellen sie vor der Klasse nicht bloß. Sie schenken auch schwächeren Schülern Aufmerksamkeit. Effektiver Unterricht ist durch *Rückmeldungen* gekennzeichnet. Darunter versteht Haenisch, dass Schülerinnen und Schüler Information und Orientierung darüber erhalten, wo sie selbst stehen und wie sie sich verbessern können; Diagnose und Kontrolle werden zur Effektivierung des Lernprozesses eingesetzt. Die *Strukturiertheit des Lehr-Lern-Prozesses* und die klare Vermittlung des Lehrstoffes fundieren guten Unterricht. Lehrer, die häufiger Zusammenfassungen wichtiger Inhalte geben, eine Perspektive für den kommenden Unterricht vermitteln und genaue Anleitungen für die Hausaufgaben geben, sind effektiver. Guter Unterricht ist davon bestimmt, dass Lehrer sich einen *Überblick über das Klassengeschehen* verschaffen und die *Zeit effektiv nutzen.*

»Zu beachten ist auch, dass verschiedene Verhaltensweisen des Lehrers bei verschiedenen Schülern unterschiedlich wirksam sind – was bedeutet, dass der Lehrer eigentlich sehr häufig binnendifferenzierend unterrichten müsste. Besonders viele Befunde liegen

diesbezüglich zum Vergleich zwischen leistungsstärkeren Schülern vor. Während – zumindest bezogen auf grundlegende Fertigkeiten – eher schwächere Schüler mehr von einem vorstrukturierten, lehrerzentrierten und kontrollintensiven Unterricht profitieren (mit häufigen Wiederholungen, Veranschaulichungen, Bestätigungen und Gedächtnishilfen), benötigen leistungsstärkere Schüler häufiger auch anspruchsvollere Fragen, größere Spielräume für Selbststeuerung und weniger Vorstrukturierung.« (Haenisch 1989, S. 42)

Entwicklung von Einzelschulen

Die Überlegungen des Instituts für Schulentwicklungsforschung (IFS) an der Universität Dortmund beeinflussen die Diskussion in maßgeblicher Weise. Die Analysen beschreiben eine »Krise der Außensteuerung« und formulieren, dass neue Modelle der Steuerung von Schulen notwendig seien. Sie gehen davon aus, dass die Schulleitung in Schulen modernisiert und Personalentwicklung betrieben werden muss. Dabei kommt die Einzelschule als Gesamtsystem in den Fokus der Betrachtung. Es sollen kurz *Dimensionen der Schulentwicklungsdiskussion* aufgezeigt werden. Ein Ansatz geht von der Überlegung aus, die Schule durch gezielte *Personalentwicklung (PE)* zu verändern. Aus dieser Perspektive werden vor allem die Interaktionszusammenhänge in der Schule fokussiert. Schulentwicklung setzt bei der Persönlichkeitsbildung der Lehrkräfte und bei der Gestaltung der Beziehungen im Binnenraum Schule an. Jörg Schlee begreift dabei die Stärkung einzelner Lehrerinnen und Lehrer als Hauptmotor der Schulentwicklung. Rolff dagegen (1998, S. 301) versteht Personalentwicklung als Gesamtkonzept, das Personalauswahl, -bewirtschaftung und -förderung, Personalfortbildung und Personalführung umfasst. In einem zweiten Ansatz steht der Unterricht im Mittelpunkt der Aufmerksamkeit; seine Qualität gelte es zu verbessern. Hier wird *Unterrichtsentwicklung (UE)* zum Herzstück von Schulentwicklung. Ein drittes Konzept der Schulentwicklung ist das der *Organisationsentwicklung (OE)*. Es basiert auf der Vorstellung, dass eine Organisation von innen, vor allem durch ihre

Mitglieder selbst, zu entwickeln sei. Pädagogische OE wird als Lernprozess der Menschen und der Organisation Schule verstanden. Auf der Grundlage einer Diagnose der Probleme der Schule wird eine *institutionelle Binnenstruktur* zur Steuerung des Wandels (meist in der Form einer *Steuerungs- und Entwicklungsgruppe*) aufgebaut. Sie wird durch externe Beraterinnen und Berater unterstützt. OE zielt dabei auf die Herausbildung und Stärkung kooperierender und untereinander vernetzer *Teams*. Hans-Günter Rolff (1998) formulierte die verschiedenen Ansätze zu einem Konzept der *Schulentwicklung im Systemzusammenhang* aus. »Keine UE ohne OE und PE, keine OE ohne PE und UE, keine PE ohne OE und UE.« (Rolff 1998, S. 306) Organisationsentwicklung von Schulen begreift die *Leitung der Schule* als zentral bedeutsam für diesen Prozess. Schulentwicklung solle durch *Prozessberater/innen* von außen unterstützt werden. Von ihnen wird die Fähigkeit zur Systemberatung erwartet (vgl. Rolff 1998, S. 303). Schulentwicklung sei mit *neuen Modellen der Steuerung* verbunden.

> *»Das betrifft zum einen die Rolle des Gesetzgebers, der aufgefordert ist, klare, aber weitmaschige Rahmenvorgaben zu beschließen, für alle Schulen verbindliche Standards zu setzen und eine Gleichverteilung der Ressourcen zu sichern. Die neuen Steuerungsmodelle verändern zum Zweiten die Rolle der aufsichtsführenden Behörden, die nun vor allem die Vergleichbarkeit und die Qualität der schulischen Arbeit sichern, die Schule als Ganzes beraten und unterstützen sowie Schulentwicklung initiieren sollen. Die neuen Steuerungsmodelle bringen zum Dritten neue Steuerungsmittel bzw. -instrumente ins Spiel. Dabei stehen Verfahren der Evaluation im Vordergrund, aber auch Ansätze zur regionalen Vernetzung und zur ›Abgleichung‹ der Entwicklung von Einzelschulen.«* (Rolff 1998, S. 298)

In jüngster Zeit gibt es eine vielfältige Literatur zur Organisationsentwicklung von Einzelschulen, die sich in verschiedenen bildungspolitischen Initiativen einzelner Bundesländer konzeptionell wieder finden lassen.

Zum Weiterlesen:

Aurin, K. (Hrsg.): Gute Schulen – worauf beruht ihre Wirksamkeit? Bad Heilbrunn [2]1991.

Borchert, M./Maas, M. (Hrsg.): Freie Alternativschulen. Bad Heilbrunn 1998.

Fischer, D./Jacobi, J./Koch-Priewe, B. (Hrsg.): Schulentwicklung geht von Frauen aus. Weinheim 1996.

Oelkers, J.: Schulreform und Schulkritik. Würzburg 1995.

Rolff, H.-G.: Wandel durch Selbstorganisation. Weinheim und München 1993.

Rutter, M./Maughan, B./Mortimore, P./Ouston, J.: Fünfzehntausend Stunden. Schulen und ihre Wirkung auf die Kinder. Weinheim und Basel 1980.

Schlee, J./Mutzeck, W. (Hrsg.): Kollegiale Supervision. Heidelberg 1996.

Tillmann, K.-J. (Hrsg.): Was ist eine gute Schule? Hamburg 1989.

Das Bildungssystem in der Bundesrepublik Deutschland

Im letzten Kapitel kam die Einzelschule in Form ausgewählter Reformschulen, Freier Schulen, staatlich initiierter Versuchsschulen und im Rahmen von Konzeptionen einer Einzelschulentwicklung in den Blick. Auch wenn die schulpädagogische Diskussion seit Mitte der 1980er-Jahre die Einzelschule und deren Erneuerungsmöglichkeiten diskutiert, so ist doch eine Auseinandersetzung mit dem Bildungssystem wichtig. Für Studierende der Lehrämter und für Lehrerinnen und Lehrer sind Kenntnisse der verschiedenen Schulstufen und Schulformen des Bildungssystems u.a. deshalb bedeutsam, um die Schullaufbahn der Schülerinnen und Schüler besser zu begleiten, angemessen zu beraten und Hilfen bei der Bewältigung von Übergangsproblemen zu gewähren. In diesem Kapitel werden – wiederum exemplarisch – der Elementarbereich, die Grundschule, die Organisationsform der Klassen 5 und 6, die Hauptschule, die Realschule, das Gymnasium, die Gesamtschule und verschiedene Sonderschulen vorgestellt. Daran schließt sich eine Auseinandersetzung mit Bildungslandschaften und mit Vorschlägen zu ihrer Weiterentwicklung (z.B. durch Vorschläge für teilintegrierte Schulangebote) an.

Der Elementarbereich

»Zum Elementarbereich in den alten Bundesländern gehören Kindergärten und vorschulische Einrichtungen, das heißt alle öffentlichen oder privaten Institutionen, die für Kinder vom Ende des dritten Lebensjahres an bis zum Beginn der Schule eine meist halbtägige, manchmal auch ganztägige familienergänzende Erziehung anbieten.« (Arbeitsgruppe Bildungsbericht 1994, S. 295)

Der Besuch von Kindergärten ist freiwillig; die Kosten für den Besuch sind z.T. – in unterschiedlicher Höhe, je nach Bundesländern und Einrichtungen – von den Eltern zu tragen. Neben den *freien Trägern* (wie den Kirchen, dem Diakonischen Werk, dem Deutschen Caritasverband, dem Paritätischen Wohlfahrtsverband) werden einige Kindergärten von der *öffentlichen Hand* betrieben.

Der Kindergarten geht zurück auf Friedrich Wilhelm August Fröbel (1782–1852), der 1840 den »Entwurf eines Planes zur Begründung und Ausführung eines Kinder-Gartens, einer Allgemeinen Anstalt zur Verbreitung allseitiger Beachtung des Lebens der Kinder, besonders durch Pflege ihres Tätigkeitstriebes« vorlegte, Kinderführer(innen)kurse und Kindergärtnerinnenkurse ab 1842 in verschiedenen Städten abhielt und Kindergärten gründete bzw. von den Absolventen seiner Kurse gründen ließ (z.B. in Dresden, Frankfurt/Main, Eisenach). Auf Reisen (1845–1849) verbreitete er seine Kindergartenidee. Fröbel begriff den Kindergarten als eine Stätte behutsamer Einwirkung auf das Kind. Erziehung sei an Materialien (Gaben) gebunden, deren Spielgesetzlichkeit im freien Spiel vom Kind nachempfunden werden sollte. Der Kindergarten intendierte – durch den Einsatz von Spiel- und Beschäftigungsmitteln und durch das Engagement des »Kinderführers« (später: der »Kindergärtnerin«) – Spielpflege. Daneben maß Fröbel der Gartenarbeit einen hohen erzieherischen Wert bei. In seiner Schrift »Die Menschenerziehung« (1926) schilderte er das freie Gestalten mit Lehm und Sand, das freie Bauen mit Bauhölzern (Klötzen). Ihm verdanken wir die Überlegung, dass der Kindergarten eine eigenständige und wichtige Stufe der Bildung ist. Zu Lebzeiten erhielt er wenig Anerkennung; im Gegenteil: 1851 wurde in Preußen ein Kindergartenverbot ausgesprochen (vgl. Heiland 1982).

Der Kindergarten erhielt im 20. Jahrhundert einen Aufschwung. Vor allem aus sozialpolitischen Gründen wurden in den großen Städten Kindergärten gegründet (vgl. auch Grossmann 1978, 1992). Der Deutsche Bildungsrat initiierte seine Modernisierung. Der Reformprozess des Kindergartens begann in länderspezifischen Modellversuchen zur Curriculumentwicklung im Elementarbereich in den Jahren 1970–1974 und wurde in einem länderübergreifenden Erprobungsprogramm 1975–1979 fortgeführt. Neue inhaltliche

Konzeptionen wurden entfaltet. Die »Arbeitsgruppe Vorschulerziehung« zielte mit dem *Situationsansatz* auf die Förderung des Lernens von Kindern unter Berücksichtigung ihrer Lebenssituation. Der Situationsansatz lässt sich so zusammenfassen:

- Lernprozesse von Kindern sollen von ihrer Lebenssituation ausgehen und sich auf diese beziehen.
- Dem sozialen Lernen kommt eine Vorrangstellung zu. Es wird mit instrumentellem Lernen verknüpft.
- Die Arbeit erfolgt möglichst in altersgemischten Gruppen, damit ein Erfahrungsaustausch möglich wird.
- Es werden vielfältige Projekte durchgeführt.
- Die Kinder haben Zeit, um sich frei und in vielfältiger Weise auszudrücken, z.b. in Gesprächen, Collagen, Spielen, Rollenspielen, Geschichten.
- Es gibt genügend Möglichkeiten, sich zu bewegen und den eigenen Körper zu erfahren.
- Kinder werden in die – offen angelegte – Planung des organisatorischen Geschehens einbezogen.
- Es werden Aktivitäten außerhalb des Kindergartens unternommen, z.b. Spaziergänge, Wanderungen, Museumsbesuche, Spielaktionen.
- Die Erzieherinnen arbeiten gruppenübergreifend und im Team.
- Eltern und andere Erwachsene können sich an der Arbeit des Kindergartens beteiligen.
- Der Kindergarten wird mit dem Gemeinwesen verbunden (vgl. Arbeitsgruppe Vorschulerziehung 1973, 1976).

Diese Ideen fundierten die Leitlinien für die Kindergartenentwicklung in den 1980er-Jahren. Der Kindergarten heute zielt entsprechend auf eine Entlastung der Familien und die Betreuung, Erziehung, Bildung und pädagogische Förderung der Kinder. Die Entwicklung der letzten Jahre zeigt zwei Förderungsschwerpunkte, nämlich die *Integration behinderter Kinder* und die *Förderung von Migrantenkindern.* Auch wird überlegt, wie das Kindergartenangebot flexibilisiert werden kann, z.B. durch die Einrichtung von Spielkreisen, Mutter-Kind-Gruppen, Spielgruppen für Kinder am Nachmittag, Hausaufgabenhilfe oder durch die Verbindung professioneller Dienstleistung und nachbarschaftlicher und ehrenamtlicher Aktivitäten. Durch ein neues Kindergartengesetz ist festgelegt, dass jedes Kind das Recht auf einen Kindergartenplatz hat. Trotzdem gibt es noch Probleme, z.b. das Fehlen eines ausgebauten Gesundheitsdienstes oder die manchmal mangelnde Ausstattung (Spielgrund, Gymnastikräume). Außerdem werden die traditionellen Öffnungszeiten, das zu geringe Angebot an Ganztagsplätzen, lange Transportwege und hohe Elternbeiträge beklagt.

Die Grundschule

Die Grundschule als Schule für alle Kinder erhielt ihre Rechtsgrundlage in der Verfassung der Weimarer Republik von 1919 (vgl. Scheibe 1974, S. 55f.). Mit der Gründung der Grundschule wurden Forderungen der Einheitsschulbewegung nach einer gemeinsamen Beschulung aller Kinder, unabhängig von Stand, Religion/Konfession und Geschlecht erstmals, wenn auch in geringem Umfang (Klasse 1–4) verwirklicht. Die »Richtlinien zur Aufstellung von Lehrplänen für die Grundschule« (1921) legten als Aufgabe fest, dass sie den Kindern eine grundlegende Bildung zu vermitteln habe, an die sowohl die Volksschule der vier oberen Jahrgänge wie die mittleren und höheren Schulen mit ihrem weiterführenden Unterricht anknüpfen können.

»Im gesamten Unterricht der Grundschule ist der Grundsatz zur Durchführung zu bringen, dass nicht Wissensstoffe und Fertigkeiten bloß äußerlich angeeignet, sondern möglichst alles, was die Kinder lernen, von ihnen innerlich erlebt und selbsttätig erworben wird. Deshalb hat aller Unterricht die Beziehungen zur heimatlichen Umwelt der Kinder sorgsam zu pflegen (…).« (Richtlinien zur Aufstellung von Lehrplänen 1921, in: Scheibe 1974, S. 60)

Das Heimatprinzip stand im Mittelpunkt des Gesamtunterrichts. Das Kind mit seinem Spieltrieb und Bewegungsbedürfnis, mit seinem Wunsch nach produktiver Eigenständigkeit war Ausgang der pädagogischen Überlegungen. Es sollte behutsam, ohne Zwang oder Druck, gefördert werden.

Einen Einschnitt stellten die Reichsrichtlinien (1939) dar. In ihnen wurde die Erziehung zu körperlich, seelisch und geistig starken Männern und Frauen, die in Heimat und Volkstum fest verwurzelt sind, als Ziel formuliert. Gefordert wurde die freudige Bejahung der nationalsozialistischen Weltanschauung und der Einsatz für Führer und Volk. Erziehung sollte durch gemeinsames Leben in der Volksgemeinschaft erfolgen. Erziehung zur Gemeinschaft in der Gemeinschaft erfolgte in der »Familiengemeinschaft«, in der »Sippengemeinschaft« und in der »Volks- und Wehrgemeinschaft aller Deutschen«. Die Schul- und Klassengemeinschaft sah im Lehrer ihren »Führer«. Sie sollte am heimatlichen und völkischen Geschehen teilhaben.

Die Grundschule des Bundesrepublik in den 1950er- und 1960er-Jahren orientierte sich erneut an den Prinzipien der Kindgemäßheit, Anschauung, Lebensnähe, Ganzheit und Selbsttätigkeit. Der Deutsche Ausschuss für das Erziehungs- und Bildungswesen umschrieb in seinem Rahmenplan die Aufgaben der Grundschule (1959) folgendermaßen:

- *»Die Kinder in einer äußeren und inneren Ordnung zu bergen und zu binden;*
- *sie aus dem Spiel behutsam in die Haltung der Arbeit überzuleiten;*
- *Welt und Leben kindlich-ganzheitlich aufzuschließen und ohne isolierte Beanspruchung des verbalen Gedächtnisses die Umwelt anschaulich tätig erfassen zu lassen;*
- *in mitmenschlichen Kontakten verpflichtende Bindungen entdecken zu lassen;*
- *die Muttersprache lebendig zu pflegen und nach der Hochsprache zu richten;*
- *die Kinder in Schrift und Zahl einzuführen, das Lesen, Schreiben und elementare Rechnen sicher und geläufig zu machen.«* (Deutscher Ausschuss für das Erziehungs- und Bildungswesen, zitiert nach Arbeitsgruppe Bildungsbericht 1994, S. 317)

Eine Auseinandersetzung um die Grundschule begann Ende der 1960er-Jahre mit dem Grundschulkongress in Frankfurt a.M. im Jahre 1969. In den Mittelpunkt der Diskussion rückte die Frage, inwiefern die Grundschule gleichzeitig einen Beitrag zur »Chancengleichheit« und zur »sozialen Integration« leisten könne. Außerdem wurde erörtert, ob die Lerninhalte der Grundschule an den Wissenschaften auszurichten seien. Die Konzeption einer »volkstümlichen Bildung« wurde ebenso wie ein Verständnis von der Grundschule als »Schonraum« kritisiert. Es kam zu einer intensiven Diskussion überholter Reifungstheorien. Dagegen wurde gefordert, das Lernen der Kinder rechtzeitig durch eine fördernde Umgebung zu stärken.

Der Deutsche Bildungsrat schlug im Strukturplan für das Bildungswesen (1970) die Verzahnung von Elementar- und Primarbereich durch die Einführung einer zweijährigen Eingangsstufe für die Fünf- bis Siebenjährigen vor; nur so könne diese Periode besonderer Bildsamkeit sinnvoll genutzt werden. Das Prinzip der Wissenschaftsorientierung von Lerngegenstand und Lernmethode auf jeder Altersstufe fundierte eine neue Konzeption des Grundschulunterrichts. Der Unterricht sollte neue Inhalte umfassen. Es wurde beabsichtigt, Kinder in Denk- und Arbeitsformen wie entdeckendes, selbstständiges und kooperatives Lernen, eigenständiges Problemlösen und Organisieren eigener Lernprozesse zu initiieren. Innerhalb der Lernbereiche (Fächer) wurden umfassende Veränderungen eingeleitet:

- Einführung der modernen Mathematik,
- Einführung von naturwissenschaftlich-technischen und sozialwissenschaftlichen Gegenständen, Methoden und Verfahren; Kritik am heimatkundlichen Gesamtunterricht,
- Neukonzeption eines Lernbereichs Sprache vor dem Hintergrund von Erkenntnissen der Soziolinguistik, Kommunikationstheorie, Linguistik und Literaturwissenschaft,
- Artikulation und Herauslösen der Kulturtechniken durch Lehrgänge,
- Betonung fachspezifischer Aufgaben im Kunst-, Musik- und Werkunterricht,
- Formulierung neuer Aufgaben für den Grundschulunterricht

wie Kreativitätsförderung, Förderung des sozialen Lernens, frühes Fremdsprachenlernen,
- Einfädelung neuer Lernbereiche wie z.b. die Verkehrs- oder Medienerziehung in die Grundschule.

In allen Lernbereichen wurde eine starke Betonung kognitiver Erkenntnisprozesse vorgenommen und die Notwendigkeit einer Steigerung und Beschleunigung der intellektuellen Entwicklung herausgestellt. Zugleich fand eine Verbreiterung und Differenzierung des Lernangebots der Grundschule statt. Der Unterricht sollte wissenschaftsorientiert, individualisiert und differenziert durchgeführt werden (vgl. Retter 1975, S. 70; Garlichs/Knab/Weinert 1983; Arbeitsgruppe Bildungsbericht 1994). Für den Elementar- und Primarbereich entwickelte man eine Fülle von Spiel- und Bildungsmitteln bzw. didaktischer Materialien und neue Curricula.

Sehr schnell wurden diese Überlegungen, vor allem unter dem Einfluss von Konzeptionen geöffneten Unterrichts, in ihrer Bedeutung relativiert. Es kam zu einer reformpädagogisch angelegten kindorientierten Wende in der Grundschulpädagogik.

In den letzten Jahren hat sich die Arbeit in der Grundschule aufgrund einer Reihe objektiver Bedingungen verändert. Die Arbeitsgruppe Bildungsbericht am Max Planck Institut nennt den Rückgang der Geburtenziffern zwischen 1966 und 1973 und das rasche Anwachsen des Anteils ausländischer Kinder in den alten Bundesländern seit 1970 (vgl. Arbeitsgruppe Bildungsbericht 1994, S. 322).

Als weitere Faktoren, die die Grundschularbeit beeinflussen, nennt die Arbeitsgruppe die Trennung der Grundschule von den weiterführenden Schulen und ihre Etablierung in eigenen Gebäuden, das Wachsen der durchschnittlichen Größe einer Grundschule (von durchschnittlich 170 Schülerinnen und Schülern im Jahr 1961 auf 340 im Jahr 1975 in der BRD und von 220 Schülerinnen und Schülern im Jahr 1960 auf 510 Kinder 1975 in der DDR), die kontinuierliche Abnahme der Klassengröße (in der BRD von 37 [1961] auf 30 [1975] und in der DDR von 28 [1961] auf 26 [1975]). In den Schulen wurden Unterrichtsstunden für Teilungsunterricht, für Förderunterricht, für Unterricht in »Deutsch als Zweitsprache«

und für sonderpädagogische Förderung bereitgestellt (Arbeitsgruppe Bildungsbericht 1994, S. 299ff.).

In den verschiedenen Bundesländern werden Bildungs- oder Rahmenpläne veröffentlicht, die mehr oder weniger verbindlich die Lerninhalte der Grundschulen festschreiben. In der methodischen Gestaltung des Unterrichts sind die Lehrkräfte weitgehend frei. Auch wenn in der grundschulpädagogischen Diskussion über Möglichkeiten des geöffneten Unterrichts nachgedacht wird, geht die Arbeitsgruppe Bildungsbericht doch davon aus, dass man in den Grundschulen vor allem auf einen Unterricht treffe, bei dem die Lehrkraft im Mittelpunkt stehe, Fragen stelle, Antworten korrigiere, in neue Sachverhalte einführe und Übungs- und Wiederholungsperioden ansetze. Sie bestimme bis ins Detail, was die Kinder zu tun hätten. Jedoch hebt die Arbeitsgruppe hervor, dass die Räume einladend gestaltet und mit Arbeiten der Kinder geschmückt seien, dass sich oftmals Tischgruppen und lernbereichsspezifisch gestaltete Arbeitsecken fänden, dass ein gutes Klima zwischen Lehrkräften und Kindern bestehe und die Kinder ohne Scheu mit ihren Lehrkräften umgingen (1994, S. 320f.). Die Arbeitsgruppe nennt Neuregelungen, die die innere Struktur der Grundschule veränderten, z.B. die Einführung der Regelversetzung (überwiegend von Klasse 1 in Klasse 2) in einigen Bundesländern und die Ersetzung der Ziffernzensur in den ersten beiden Klassen durch verbale Beurteilungen.

Die Organisation der Klassen 5 und 6 im Regelschulsystem oder: Orientierungs- und Förderstufen

Der Übergang aus der Grundschule (meist nach der Klasse 4) in eine Schule des weiterführenden Schulsystems wurde nach dem Zweiten Weltkrieg im Rahmen des bundesrepublikanischen Schulsystems in verschiedenen Ländern unterschiedlich geregelt. So wurde z.B. von den weiterführenden Schulen ein zehntägiger Probeunterricht abgehalten oder eine Aufnahmeprüfung veranstaltet. In manchen Bundesländern war die Gutachtenempfehlung der Klassenlehrerin der Grundschule bedeutsam; diese wurde zur wesentlichen Entscheidungsgrundlage der aufnehmenden Schule. Die Kritik an diesen Verfahren monierte, dass die Entscheidung über die Wahl des Bildungsweges zu früh erfolge und nicht nur von der individuellen Leistungsfähigkeit eines Kindes, sondern von vielfältigen anderen Gegebenheiten (z.b. soziale Herkunft) beeinflusst sei. Man hoffte darauf, Schullaufbahnentscheidungen durch Orientierung, Förderung, Beobachtung und Beratung optimieren zu können. Durch die Erstellung des Zeugnisses nach der Klasse 6 in Form einer Schullaufbahnempfehlung sollte eine sichere Eignungsfeststellung und damit eine bessere Prognose ermöglicht werden. Die Zahl der Sitzenbleiber sollte minimiert und die der Rückläufer aus den weiterführenden Schulen in die Volksschule reduziert werden.

Bildungspolitisch gab es immer wieder Diskussionen um die Gestaltung der Klassen 5 und 6. Der 1953 gegründete *Deutsche Ausschuß für das Erziehungs- und Bildungswesen* legte bis zu seiner Auflösung 1965 dreißig verschiedene Empfehlungen vor.

Das Hamburger Abkommen der Ministerpräsidenten der Bundesländer (1964) ermöglichte grundsätzlich eine integrierte Förderstufe. Es wurde festgelegt, dass ein für alle Schüler gemeinsames 5. und 6. Schuljahr die Bezeichnung »Förder- oder Beobachtungsstufe« tragen konnte. Der Strukturplan des Deutschen Bildungsrates (1970) verhalf dem Begriff »Orientierungsstufe« zum Durchbruch. Hier wurde deren Konzeption so gefasst, dass diese (die Klassen 5 und 6 zusammenfassend) in einem künftig horizontal gegliederten System als Gelenkstelle zwischen Primar- und Sekundarbereich fungieren sollte. Orientierung umfasste in dieser Sicht eine Auseinandersetzung der Schülerinnen und Schüler mit den eigenen Interessengebieten und Lernmöglichkeiten und eine Information über die neuen Anforderungen des Sekundarbereiches. Die Orientierungsstufe sollte dabei helfen, die individuellen Lernmöglichkeiten der Schülerin und des Schülers zu entfalten und zu erproben. Darüber hinaus sollte sie Informationen über die Ziele und Anforderungen der weiterführenden Bildungswege im Sekundarbereich vermitteln, Entscheidungshilfen für die Wahl des weiteren Bildungsweges geben und sozial und regional verursachte Bildungsunterschiede ausgleichen. Dafür sollten vielfältige Angebote in Fachdisziplinen entfaltet und differenzierte Leistungsanforderungen (in Mathematik und der ersten Fremdsprache) gestellt, Schüler intensiv beobachtet und – auf der Grundlage pädagogischer Diagnostik – beraten (Schullaufbahnberatung) sowie Fördermaßnahmen angeboten werden. Die Zusammenfassung der Klassen 5 und 6 zu einer zweijährigen Schulstufe zwischen der Grundschule und der Sekundarstufe I war als Einstieg in eine grundlegende Strukturreform des allgemein bildenden Schulwesens angelegt. 1974 wurde nach kontroversen bildungspolitischen Auseinandersetzungen die KMK-Vereinbarung über die Orientierungsstufe beschlossen. Darin wurde diese (außer in Berlin) der Sekundarstufe I zugeordnet. Es wurde die *schulformunabhängige* von der *schulformabhängigen* Orientierungsstufe (an Haupt-, Realschulen und Gymnasien) unterschieden.

Mit dem Verzicht auf die Einführung der Gesamtschule als Regelschule und dem Erhalt des dreigliedrigen Schulsystems wurde die Orientierungsstufe zu einer Art Gelenkstelle im Rahmen des gegliederten Schulsystems.

- In Berlin und Brandenburg finden wir die sechsjährige Grundschule. Die Klassen 5 und 6 sind hier in die Grundschule eingebunden.
- In Niedersachsen und Bremen sind die Klassen 5 und 6 als selbstständige Schulstufe zwischen Grundschule und weiterführender Schule organisiert (schulartunabhängige Orientierungsstufe).
- In vielen Bundesländern (Baden-Württemberg, Mecklenburg-Vorpommern, Nordrhein-Westfalen) werden die Klassen 5 und 6 schulformabhängig an Haupt- und Realschulen und an Gymnasien geführt. In Nordrhein-Westfalen tragen sie die Bezeichnung »Erprobungsstufe«.
- In machen Bundesländern gibt es mehrere Modelle nebeneinander. So gibt es (z.B. in Hamburg, Schleswig-Holstein und auch Rheinland-Pfalz) neben schulformabhängigen Beobachtungsstufen auch schulformunabhängige Orientierungsstufen. In Hessen gibt es neben der schulformunabhängigen Förderstufe 5. und 6. Klassen an den weiterführenden Schulen.

- Im Saarland gibt es keine Orientierungsstufe. Die Schülerinnen und Schüler wechseln nach der 4. Klasse zur Sekundarschule, zur Realschule oder zum Gymnasium. Die Klassen 5 und 6 bilden an der jeweiligen Schulform eine so genannte pädagogische Einheit.

- In den meisten neuen Bundesländern (Sachsen, Sachsen-Anhalt, Thüringen) werden für die weiterführenden Schulen die Klassen 5 und 6 in schulformübergreifenden Eingangsphasen zusammengefasst, wobei von dieser Regelung das Gymnasium ausgenommen ist (vgl. den Überblick bei Retter/Nauck/Ohms 1985, S. 166f.; Jürgens 1995, S. 64ff.).

Für die Klassen 5 und 6 gilt, dass die Schülerinnen und Schüler in der Regel mehr Unterricht als in der Grundschule erhalten. Eine erste Fremdsprache wird als Fachunterricht erteilt. Der Umfang der zu bewältigenden Hausaufgaben nimmt zu. Der Fachunterricht wird – auf der Grundlage einer Wissenschaftsorientierung – mit einem erhöhten Anspruchsniveau, in gewisser Zügigkeit beim Erarbeiten des Stoffes und mit erhöhten Leistungsanforderungen erteilt. Neben Fächern, die im Klassenverband unterrichtet werden (Kernunterricht) gibt es solche, die in klassenübergreifenden Leistungskursen erteilt werden (Mathematik; erste Fremdsprache). Daneben werden Arbeitsgemeinschaften und Projektunterricht angeboten (vgl. Retter/Nauck/Ohms 1985, S. 6ff.).

Die Hauptschule

Die Hauptschule ist eine allgemein bildende weiterführende Schule, die entweder im Anschluss an die Grundschule die Jahrgangsstufen 5 bis 9 oder nach der sechsjährigen Grundschule bzw. der Orientierungs- oder Förderstufe die Jahrgangsstufen 7 bis 9 bzw. 7 bis 10 umfasst und so bis zum Ende der 9- oder 10-jährigen Vollzeitschulpflicht führt. Die Hauptschule ist (mit Ausnahme des Landes Brandenburg) Regelschule, d.h., sie wird von den Schulträgern obligatorisch angeboten und ist Pflichtschule. Hierunter versteht man eine Schule, die von allen schulpflichtigen Schülerinnen und Schülern, die keine andere öffentliche Vollzeitschule oder eine entsprechend anerkannte Ersatzschule besuchen, besucht werden muss. Das bedeutet, dass die Hauptschule keine leistungsbezogenen Eingangsvoraussetzungen definieren kann. Sie steht denen, die ihre Vollzeitschulpflicht erfüllen müssen, grundsätzlich offen.

Der Begriff »Hauptschule« wurde 1964 durch das Hamburger Abkommen der KMK als einheitliche Bezeichnung für die bisherige Volksschuloberstufe eingeführt. In den »Empfehlungen zum Aufbau der Hauptschule« des Deutschen Ausschusses für das Erziehungs- und Bildungswesen wird 1964 das Programm der Hauptschule so umrissen:

»1. *Die Hauptschule ist eine einheitlich konzipierte, auf der Grundschule und Förderstufe errichtete vierjährige Vollzeitschule, welche vom 7. Schuljahr an die Hinführung zur Arbeits- und Berufswelt als neue Aufgabe aufnimmt, und zwar besonders durch eine Arbeitslehre auf praktischer Grundlage, deren Anteil am Unterrichtsganzen für einen großen Teil ihrer Schüler von Jahr zu Jahr steigt.*

2. Sie ist eine Pflichtschule für alle Jugendlichen, die nicht eine andere Schule besuchen, und beansprucht den Schüler zunehmend von etwa 32 Stunden (7. bis 8. Schuljahr) bis auf 36 und mehr Wochenstunden (9. und 10. Schuljahr).

3. Sie ist eine Schulform, welche die verschiedenen Begabungen und beide Geschlechter in ihrer Eigenart berücksichtigt und daher hoch differenziert ist.

4. Sie dient der religiösen und sittlichen, der musischen und berufsorientierenden und politischen Menschenbildung.

5. Sie ist eine Oberschule, die für geeignete Schüler – in Weiterführung des auf der Förderstufe eingeleiteten Kursunterrichts – in Deutsch, Englisch, Mathematik und Naturlehre erheblich über die Anforderungen der bisherigen Volksschule hinausführt.

6. Sie dient der Jugendbildung, die wohl die Mehrzahl der Schüler – vor allem in den letzten beiden Schuljahren – auf der Grundlage praktischen Könnens und Verstehens für verschiedene Lebensbereiche der modernen Welt orientiert, sie darauf vorbereitet und dafür ihre Kräfte entfaltet.

> *7. Die Hauptschule ist durch Schwerpunkt- oder Fachunterricht bestimmt (Differenzierung in Niveau-Unterricht, Kurs- und Kern-Unterricht, Arbeitsgemeinschaften, Arbeitsvorhaben) und braucht daher methodisch und fachlich hoch qualifizierte Lehrer sowohl für den Bildungsbereich der Humaniora wie den der Realien und den der technisch-ökonomischen Grundbildung.*
>
> *8. Auf dem Lande ist sie nur als Mittelpunktschule zu verwirklichen, und zwar in Verbindung mit der Förderstufe und, wo das zweckmäßig ist, mit einer anderen Oberschule.*
>
> *Nur wo diese Bedingungen erfüllt sind, kann von einer Hauptschule die Rede sein.«* (Deutscher Ausschuss für das Erziehungs- und Bildungswesen 1964, zitiert nach Ipfling/Lorenz [Hrsg.] 1991, S. 13f.)

Die Hauptschule soll eine an den Wissenschaften orientierte Bildung vermitteln. Dazu gibt es naturwissenschaftlich-technischen und fremdsprachlichen Fachunterricht. Zur individuellen Förderung der Schülerinnen und Schüler wird in Englisch und Mathematik eine äußere Differenzierung in verschiedene Leistungskurse vorgenommen. Kern des curricularen Bereichs der Hauptschule bildet das Fach Arbeitslehre. Es soll eine frühzeitige Hinführung zur Arbeits- und Wirtschaftswelt ermöglichen. Die Hauptschule ist eine mehrzügig geführte Schule mit einem Jahrgangsklassensystem. Auch in den Hauptschulen existieren Wahlmöglichkeiten und Chancen für Schwerpunktbildungen.

Ihren Entwicklungshöhepunkt hatten die Volksschuloberstufen bzw. Hauptschulen in den 1950er-Jahren mit einer Übergangsquote von etwa 70 Prozent nach der Grundschule. Ende der 1960er-Jahre besuchten in Deutschland noch mehr als 50 Prozent der Schülerinnen und Schüler eines Jahrgangs die Hauptschule und nur etwa 10 Prozent das Gymnasium. Fünf Momente haben einen radikalen Wandel eingeleitet:

- der Wegfall der Aufnahmeprüfungen zu den Realschulen und Gymnasien nach 1968,
- das Bemühen der Bildungspolitiker, die »Begabungsreserven« (Arbeiterkinder, Mädchen, Kinder vom Land) auszuschöpfen,

- die Verstärkung der Bildungsorientierung und die Hoffnung der Eltern, ihren Kindern bessere Chancen im Leben einzuräumen,
- die Freigabe des Elternwillens und
- der Ausbau der Sekundarstufen der Schulen bei gleichzeitigem Angebot von Gesamtschulen.

Das Wahlverhalten gegenüber den weiterführenden Schularten veränderte sich – trotz regionaler Unterschiede – stark.

»*Während Rheinland-Pfalz noch in den achtziger Jahren eine Übergangsquote von etwa 55 Prozent zur Hauptschule hatte, waren andere Bundesländer wie Bremen, Berlin und Hamburg schon bei nur noch 20 Prozent angelangt. Heute nähert sich die Hauptschule in Großstädten und Ballungsgebieten, aber auch in Mecklenburg-Vorpommern der Zehn-Prozent-Marge, in Bremerhaven, Göttingen und Darmstadt ist sie sogar auf sechs bis acht Prozent geschrumpft. (...) in Brandenburg, Sachsen, Thüringen und Sachsen-Anhalt werden Hauptschulen überhaupt nicht mehr angeboten.*« (Struck 1995, S. 120)

Die Hauptschule wird aufgrund ihrer beschränkten Verleihung von Berechtigungen immer weniger angenommen, obwohl inzwischen auch an der Hauptschule ein mittlerer Bildungsabschluss – unter anderen – erreicht werden kann. In Nordrhein-Westfalen existieren z.B. vier verschiedene Schulabschlüsse, die an den Hauptschulen erworben werden können, nämlich: der Hauptschulabschluss nach Klasse 9, der Hauptschulabschluss nach Klasse 10, Typ A (Sekundarabschluss I), der Hauptschulabschluss nach Klasse 10, Typ B (Fachoberschulreife FOR), der Hauptschulabschluss nach Klasse 10, Typ B mit Qualifikationsvermerk für die Gymnasiale Oberstufe (FOR/GOB) (vgl. Solzbacher/Wollersheim 1989, S. 26f.). Auch in Niedersachsen wurden die Abschlüsse nach Klasse 9 und 10 in Profilabschlüsse umgewandelt (vgl. Struck 1994, S. 34).

Das Dilemma der Hauptschule besteht darin, dass sie entweder den Weg gehen kann, sich konsequent an den Lernmöglichkeiten ihrer spezifischen Schülerschaft zu orientieren und ein wesentlich pädagogisches Eigenprofil zu entwickeln; damit verlieren die Schülerinnen und Schüler aber endgültig die Möglichkeit, einen mittleren Schulabschluss zu erwerben. Oder sie orientiert sich – mit ihren Angeboten und Standards – am Profil der Realschulen und Gymnasien, verliert dann aber ihren eigenständigen Charakter.

»Wir stehen vor einem beängstigenden Legitimierungsvakuum der Hauptschule. Der Hauptschüler wird einem anspruchsvoll gewordenen Programm ausgesetzt, das aber aufgrund der Abwanderung mit einem immer leistungsschwächer werdenden Schülerstamm realisiert werden soll; der Hauptschüler wird zu immer größeren Anstrengungen aufgefordert für einen Abschluss, der immer weniger wert ist (...).« (Gudjons 1988, S. 43)

Tino Bargel und Manfred Kuthe konstatieren, dass die Zeiten der »Dominanz« oder »Akzeptanz« der Hauptschule zu Ende gehen. Sie sei in einigen Landesteilen zur »Restschule« geworden. Zwar gäbe es Enklaven mit fortbestehender Akzeptanz und andererseits Orte, in denen ihr eine unsichere Stellung zukomme; in wieder anderen Gemeinden habe sie ausgespielt.

Die Realschule

Die Anfänge der Realschule führen zurück ins 18. Jahrhundert. Christoph Semler (1669–1740) unterbreitete 1705 erstmals Vorschläge zur Gründung einer realistischen Schule. Johann Julius Hecker (1707–1759) gründete 1747 in Berlin eine ökonomisch-mathematische Realschule, die zum Vorbild vieler Neugründungen und Umstrukturierungen bestehender Schulen in Preußen wurde.

1927 erfolgte in Preußen die Zuerkennung der mittleren Reife für die Absolventen der Mittelschulen. Diese mittlere Reife wurde zur Voraussetzung für den Eintritt in Berufe oder Berufslaufbahnen der mittleren Stufe des Berufsaufbaus. In Preußen wurden in den 1920er- und 1930er-Jahren unvollständige höhere Lehranstalten (Klasse 5–10) gegründet, die den Namen »Realschule« trugen. Daneben gab es Realschulformen mit dem Niveau der Oberschulen (Oberrealschulen, Realgymnasien), die erstmals zwischen 1938 und

1945 in Einrichtungen aufgingen, die den Namen Oberschule trugen. In Bayern schloss die Neugründung von Realschulen nach 1950 an die Tradition privater Mädchenmittelschulen an. In Süddeutschland (Baden-Württemberg) übernahmen die unteren und mittleren Klassen des Gymnasiums die Aufgabe, zu einem mittleren Bildungsabschluss zu führen. Schülerinnen und Schüler verließen das Gymnasium mit dem Versetzungszeugnis für die Obersekunda. Hier wurden eigenständige Mittel- oder Realschulen erst Ende der 1950er-Jahre in großem Umfang eingerichtet. In Hessen existierten Züge mit Mittelschulcharakter, die sich – an verschiedenen Volksschulen – zu eigenständigen Einrichtungen verselbstständigten. Nach 1945 wurden vor allem in Baden-Württemberg, Bayern, Niedersachsen, Nordrhein-Westfalen und Schleswig-Holstein Realschulen gegründet, die eine Vielgestaltigkeit des Mittel- resp. Realschulwesens bewirkten. Diese betraf die Bezeichnung, den Zeitpunkt des Übergangs, die Dauer des Bildungsgangs, die Zielsetzung, den Fächerkanon und das Abschlussverfahren. Die Ständige Konferenz der Kultusminister beschrieb am 17.12.1953 die Stellung der Mittelschule im Schulaufbau so:

> »Die Mittelschule entspricht einem dringenden Bedürfnis des deutschen Bildungswesens und Wirtschaftslebens. Sie bereitet ihre Schüler auf Aufgaben des praktischen Lebens mit erhöhter fachlicher, wirtschaftlicher und sozialer Verantwortung vor und vermittelt die dafür notwendige allgemeine Bildung. Sie soll hiernach eine geeignete Schulvorbildung für den Nachwuchs in den gehobenen praktischen Berufen von Landwirtschaft, Handel, Handwerk, Industrie und Verwaltung sowie in pflegerischen, sozialen, technisch-künstlerischen und hauswirtschaftlichen Frauenberufen geben (...) Diese Mittelschule baut auf die vier- bzw. sechsjährige Grundschule auf – in verkürzter Form spätestens auf das 7. Schuljahr der Volksschule. Die Schulzeit umfasst insgesamt zehn Jahre.«
> (Zitiert nach Wollenweber 1997, S. 18)

Der 1959 vorgelegte »Rahmenplan zur Umgestaltung und Vereinheitlichung des allgemein bildenden öffentlichen Schulwesens« des Deutschen Ausschusses für das Erziehungs- und Bildungswesen war das letzte konzeptionell umfassende Planungskonzept, das den Ausbau und die Reform der Realschule als eigenständiger Schulform thematisierte. Dieser empfahl für den Unterricht in der Realschule eine besondere Akzentuierung der Fächer Mathematik, Physik und Chemie und führte aus, dass die Methodik dieser Fächer in der Realschule vom Interesse der Schüler an elementaren technischen Vorgängen ausgehe und die Auswahl der Unterrichtsinhalte durch ihre praktische Verwendbarkeit bestimmt sein sollte. Er sprach sich für eine Differenzierung der Realschuloberstufe und die Einführung des Realschulabschlusses nach elf Schuljahren aus (vgl. Wollenweber 1997, S. 39f.). Mit dem Hamburger Abkommen zwischen den Ländern der Bundesrepublik zur Vereinheitlichung auf dem Gebiete des Schulwesens vom 29.10.1964 wurde die Bezeichnung »Realschule« verbindlich eingeführt und eine Vereinheitlichung des Realschulwesens unter Ermöglichung länderspezifischer und regionaler Sonderentwicklungen angestrebt. In der Regel wurde die mittlere Schulform unter verschiedenen Gesichtspunkten legitimiert.

> *»Die begabungstheoretische Begründung der Mittel-/Realschule griff auf die Annahme praktisch-handwerklicher, theoretisch-wissenschaftlicher und – die Mittel-/Realschule begründend – praktisch-theoretischer Begabungstypen zurück.«* (Wollenweber 1997, S. 13)

Eine andere Position hob hervor, dass es Aufgabe der mittleren Schulform sei, individuelle Fähigkeiten optimal zu fördern (Angebot eines Kern- und eines Wahlpflichtbereichs). Eine dritte Argumentation erwartete, dass die Mittel-/Realschule für die Wahrnehmung bestimmter Berufsfunktionen qualifiziere. Eine vierte Argumentation betonte den starken Praxisbezug des Unterrichts, die Breite des Bildungsangebotes und den Bezug zum regionalen Umfeld.

Die Mittel-/Realschulen erhielten die Möglichkeit, ihr Bildungsangebot entsprechend den regionalen Gegebenheiten auszugestalten. Diese Schulform kann auf eine expandierende Entwicklung zurückblicken. Die heutige Realschule baut auf der Grundschule (und manchmal den Klassen 5 und 6) auf und besteht aus einem sechs- oder vierjährigen Bildungsgang (je nach Organisationsform der Klassen 5 und 6). Die Realschule ist in manchen Bundesländern um ein Jahr gegenüber der Vollzeitschulpflicht verlängert; in anderen Bundesländern deckt sich die Schulbesuchsdauer mit der Dauer der Vollzeitschulpflicht. Sie vermittelt eine breite Grundbildung. Der Unterricht wird in hohem Maß (im Vergleich zur Hauptschule) von fachlich ausgebildeten Lehrkräften erteilt (vgl. Arbeitsgruppe Bildungsbericht 1994, S. 475). Das besondere Profil der Realschule besteht in einer Verbindung von Allgemeinbildung und berufsorientierter Vorbildung. Durch die »Wahlpflichtdifferenzierung« haben die Schülerinnen und Schüler die Möglichkeit, neben dem Pflichtunterricht, der einen für alle verbindlichen Kern an Unterrichtsinhalten umfasst, eigene Kursschwerpunkte zu wählen. Die Wahlpflichtangebote machen ungefähr 12 bis 20 Prozent der Gesamtwochenstundenzahl aus. Es lassen sich fünf Wahlpflichtschwerpunkte unterscheiden, nämlich der fremdsprachliche Bereich mit Französisch als zweiter Fremdsprache (seltener Russisch, Spanisch oder andere europäische Fremdsprachen), der mathematisch-naturwissenschaftliche Bereich, der sozial- und wirtschaftskundliche Bereich (mit Kursen in Wirtschaftsrechnen, Buchführung oder Kurzschrift/Maschinenschreiben), der sozialpädagogische Bereich (mit Angeboten für Sozialarbeit, Hauswirtschaft) und der musische Bereich. Die verschiedenen Wahlpflichtbereiche existieren nicht in allen Bundesländern und schon gar nicht in jeder einzelnen Realschule.

Die Schülerzahlen der Realschule stiegen kontinuierlich: Der Anteil der Realschüler an der Gesamtschülerzahl der 8. Jahrgangsstufe (ohne Gesamt- und Sonderschüler) stieg »von 10,9 Prozent im Schuljahr 1957/58 über 19,3 Prozent 1967/68 auf 27 Prozent im Schuljahr 1977/78« (Wollenweber 1997, S. 22).

Wollenweber nennt als besondere Leistungen der Realschule ihre Öffnung gegenüber allen Sozialgruppen der Bevölkerung. Ihr komme eine soziale Ausgleichsfunktion zu, nützten doch bildungsferne Schichten die Realschule, um ihren Rückstand in der Bildungsbeteiligung nachzuholen. Die Realschule sei ein Instrument des Ausgleichs schichtspezifisch und regional unterschiedlicher Bildungschancen. Darüber hinaus habe sie eine »soziale Schleppfunktion«: sie schleuse neue Schichten über das weiterführende Schulwesen in den Hochschulbereich. Nicht zuletzt schöpfe sie die Bildungsreserven unter den weiblichen Jugendlichen aus (vgl. Wollenweber 1997, S. 45ff.). Für Wollenweber ist der Grad der »sozialen Integration« in der Realschule am höchsten. Ihr Erfolgsprogramm zeige sich in den Zuwachsraten gegenüber der Entwicklung der Schülerzahlen in der Sekundarstufe I insgesamt.

Die Gründe ihres Erfolgs liegen in der allgemeinen Orientierung auf den Erwerb höherer Schulabschlüsse im Rahmen der Hoffnung auf bessere Lebenschancen. Der wirtschaftliche Strukturwandel zugunsten des Dienstleistungssektors und die Erhöhung der Anforderungen im beruflichen Ausbildungssektor und damit die veränderten Anforderungsprofile der Berufe tragen dazu bei, dass der mittlere Bildungsabschluss stark nachgefragt wird. Dessen besondere Wertschätzung erklärt sich auch daraus, dass er den Absolventinnen und Absolventen eine Vielzahl von Perspektiven eröffnet. Er ist Zugangsvoraussetzung für mittlere und gehobene Berufspositionen sowie für höher qualifizierende schulische Angebote. Die Absolventinnen und Absolventen der Realschule wechseln nach dem Schulbesuch in überwiegender Mehrzahl in das duale System der Berufsausbildung (Lehre und Besuch der Teilzeitberufsschule). Einige treten in Fachoberschulen mit Schwerpunkten in Technik, Wirtschaft, Ernährung oder Hauswirtschaft über. Diese führen in einem zweijährigen Bildungsgang zur Fachhochschulreife. Eine weitere Möglichkeit für Realschulabgänger/innen besteht im Besuch der Fach- oder Beruflichen Gymnasien. Hat man einen qualifizierenden Leistungsnachweis im Abschlusszeugnis der Realschule vorzuweisen, ist auch der Übergang ins Gymnasium möglich. Die Übertrittsquote ins Gymnasium liegt gegenwärtig bei ca. 6 bis 10 Prozent der Realschulabsolventen (vgl. Arbeitsgruppe Bildungsbericht 1994, S. 462).

In den letzten Jahren hat sich auch die Schülerschaft der Realschulen verändert. Schulleiter sprechen von einer größeren Heterogenität und einer Verschlechterung der Leistungsvoraussetzungen. Die konstanten Bildungsbeteiligungsquoten der Realschule unter Bedingungen einer wachsenden Attraktivität des Gymnasiums und einer Abwendung von der Hauptschule lassen vermuten, dass sich die Schülerklientel der Realschule verändert. Was die Realschule an Zugewinnen aus dem früheren Schülerpotenzial der Hauptschule verbucht, verliert sie, indem sie selbst ein gewisses Schülerpotenzial an das Gymnasium abgeben muss (vgl. Rösner 1988, S. 48; Arbeitsgruppe Bildungsbericht 1994, S. 480).

»*In ihrem Bildungsangebot scheint die Realschule fast so etwas wie ein Muster für eine integrierte Sekundarstufe I zu sein, so wie ihr Abschluss die inoffizielle Norm schulischer Grundqualifikation geworden ist. Daher erscheint die Realschule geradezu als ein Modell, das eigentlich nach Verallgemeinerung verlangt.*« (Arbeitsgruppe Bildungsbericht 1994, S. 480)

Während die Realschule von Elternverbänden und Standesvereinigungen als eigenständige Schulform verteidigt wird, gab es gerade in den neuen Bundesländern Neugründungen von Realschulen in kooperativen Formen. In Sachsen, Sachsen-Anhalt und Thüringen wurden »Mittel-«, Sekundar- bzw. Regelschulen eingerichtet; in diesen Schulen kann sowohl der Hauptschul- (nach Klasse 9) wie der Realschulabschluss (nach Klasse 10) erworben werden. Ausbau und Expansion der Realschulen wurden durch den Aufbau von Gesamtschulsystemen gebremst. In manchen Bundesländern ist die Realschule an das Volksschulsystem angebunden. So zweigt sie in Bayern mit Beginn der Jahrgangsstufe 7 aus der Hauptschule ab. In einigen Bundesländern sind die oberen Klassen von Haupt- und Realschule organisatorisch miteinander verbunden. So gibt es z.B. in Schleswig-Holstein Realschulen mit Hauptschulzügen. In Niedersachsen sind manchmal Haupt- und Realschulen gemeinsam in Schulzentren untergebracht.

Das Gymnasium

Hans-Georg Herrlitz analysiert die Geschichte des Gymnasiums und der gymnasialen Oberstufe als Geschichte eines Verteilungskampfes um das Privileg der vollen Studienberechtigung. Positive

Normierung und restriktive Funktion seien die Kehrseiten ein und derselben Medaille (Herrlitz [2]1995, S. 91). Bis in die 1960er-Jahre war das Gymnasium eine hochselektive Schule, die eine sozial homogene Schülerschaft umfasste.

>*1960 besuchten 15 Prozent der Vierzehnjährigen das Gymnasium und im gleichen Jahr erreichten 8 Prozent des entsprechenden Altersjahrgangs die Hochschulreife.*« (Arbeitsgruppe Bildungsbericht 1994, S. 507)

In den vergangenen 40 Jahren expandierte das Gymnasium und entwickelte sich zu einer attraktiven und begehrten Schulform, die ein immer größerer Teil der Schülerschaft anstrebt.

>*So stieg der Gymnasialbesuch der Vierzehnjährigen von 14 Prozent im Jahre 1960 auf 24 Prozent 1980 und dann langsamer auf 29 Prozent des entsprechenden Altersjahrganges im Jahre 1991.*« (Arbeitsgruppe Bildungsbericht 1994, S. 509)

Erleichtert wurde der Zugang durch eine Vereinfachung resp. Abschaffung der Aufnahmeprüfungen, durch den Verzicht auf das Erheben von Schulgeld und die Einführung der Lehrmittelfreiheit, durch differenzierte Maßnahmen zur Ausbildungsförderung und durch die Freigabe des Elternwillens bei der Wahl der weiterführenden Schule (vgl. Blankertz [2]1995, S. 329). Weitere Gründe für die bevorzugte Wahl des Gymnasiums liegen darin, dass die Qualifikationsanforderungen des Arbeitsmarktes stark stiegen, der Gesamtarbeitsmarkt schrumpfte und Schülerinnen und Schüler sowie ihre Eltern ein Bildungsangebot anstreben, das den höchstqualifizierenden Schulabschluss gewährt. Das Abitur wird nicht nur als allgemeine Hochschulreife, sondern als anspruchsvolles und vielfältig verwertbares Zertifikat wahrgenommen (vgl. Rolff 1992). Die Expansion der Schulform Gymnasium war verbunden mit einem Anwachsen der durchschnittlichen Schulgröße, mit einer Zunahme der Heterogenität der Schülerschaft hinsichtlich des familiären Bildungshintergrundes, mit einer Veränderung der Lehrpläne und einem Generationenwechsel in den Kollegien.

Die Geschichte des Gymnasiums kann als Abfolge von Neugründungen unterschiedlichster Gymnasialtypen mit eigenen Fächerprofilen und Versuchen zur Vereinheitlichung beschrieben werden. Seine Geschichte verweist auf eine fortschreitende Typendifferenzierung. In den 1950er-Jahren entwickelten sich das altsprachliche, das neusprachliche und das mathematisch-naturwissenschaftliche Gymnasium. Der jeweilige Name richtete sich nach Art, Anzahl und Abfolge der unterrichteten Fremdsprachen. Dabei hatten alle Gymnasien einen Kern gemeinsamer Unterrichtsfächer (Deutsch, zwei Fremdsprachen, Geschichte, Geographie, Sozialkunde, Mathematik, Naturwissenschaften, Kunst/Musik und Sport). Mit dem Düsseldorfer Abkommen zur Vereinheitlichung des Schulwesens (1955) erhielten alle Schulformen, die zur Hochschulreife führten, die Bezeichnung »Gymnasium«. Darin drückte sich sein Programm der Vorbereitung auf ein Universitätsstudium durch Vermittlung von Studierfähigkeit aus. Die Typendifferenzierung setzte sich weiter fort. Es gibt wirtschaftswissenschaftliche, sozialwissenschaftliche und musische Gymnasien. Neben den sieben resp. neunjährigen Lang- oder Normalformen (abhängig von der Organisationsform der Klassen 5 und 6) gibt es noch Aufbaugymnasien für Hauptschülerinnen und -schüler nach der Klasse 7 oder für Realschulabsolventinnen und -absolventen nach der Klasse 10. Sie sind oftmals als eigener Zweig an ein Gymnasium in Normalform angegliedert und vermitteln nach sechsjährigem resp. dreijährigem Besuch die allgemeine Hochschulreife. Daneben existiert die Möglichkeit, die Hochschulreife auf dem zweiten Bildungsweg zu erlangen. So können Berufstätige ein Abendgymnasium oder – bei Aussetzen mit der Berufstätigkeit – ein Kolleg besuchen, um so den Gymnasialabschluss zu erwerben.

Mit der Reform der gymnasialen Oberstufe (1972) wurde eine neue Form der Individualisierung von Bildungsgängen eingeführt. Jetzt differenzierten sich nicht mehr nur die einzelnen Gymnasien aus, sondern die Individualisierung führte zu einer Auffächerung der Bildungsgänge innerhalb der gymnasialen Oberstufe. Die reformierte Oberstufe hat eine Revision der traditionellen Fächerhierarchie zur Voraussetzung. Sie basiert auf der prinzipiellen Gleichwertigkeit aller Fächer. Daneben erweitert sie ihr inhaltliches Angebot

beträchtlich und bietet Themen aus (bisher vom Gymnasium igno-
rierten) wissenschaftlichen Disziplinen (z.b. Jura, Psychologie, Soziologie, Ökonomie, Informatik, Pädagogik) an. Die gymnasiale
Oberstufe lässt demgegenüber ihre Schülerinnen und Schüler Ver-
schiedenes in weniger Fächern als früher, dafür vertieft lernen. Damit kommt es zu einer Zunahme der organisatorischen Komplexität der Oberstufe, wobei jedoch die Wahlmöglichkeiten durch die
pädagogischen und organisatorischen Möglichkeiten der einzelnen
Schulen eingeschränkt und standardisiert werden.

»*Kern der Oberstufenreform ist der Ersatz der bis dahin bis zum
Abitur üblichen Jahrgangsklasse durch variable Kombinationen
von Grund- und Leistungskursen, die jeweils für ein Semester (…)
belegt werden. Die Verbindung von Fach- und Niveauwahlen ermöglicht sehr unterschiedliche Fachausrichtungen und Kenntnis-
schwerpunkte.*« (Arbeitsgruppe Bildungsbericht 1994, S. 497)

Dieses flexible System von Pflicht- und Wahlkursen, die auf zwei
Niveaus unterrichtet werden, soll eine allgemeine Grundbildung eröffnen und Spezialisierung ermöglichen.

»*Einige Bundesländer (etwa Bayern oder Baden-Württemberg)
haben in der Mittelstufe eine entsprechende Schwerpunktsetzung
beibehalten, die die Kurskombinationen der Oberstufe vorstruktu-
rieren soll. Dort spricht man in der Jahrgangsstufe 7 bis 10 (…)
vom altsprachlichen, neusprachlichen und mathematisch-natur-
wissenschaftlichen Gymnasium. Andere Länder (Berlin, Hessen,
Nordrhein-Westfalen, Rheinland-Pfalz und Niedersachsen) haben
dagegen im Zusammenhang mit der Oberstufenreform auch die
Stundentafel für die Mittelstufe neu gefasst und dabei entweder
die Gliederung in Gymnasialzweige aufgegeben oder zumindest
die Anzahl der Gymnasialformen verringert.*« (Arbeitsgruppe Bildungsbericht 1994, S. 491)

Die reformierte Oberstufe beginnt im 11. Jahrgang mit einer Ein-
führungsphase. Diese dauert ein halbes bis ein Jahr. Spätestens ab
der Jahrgangsstufe 12 wird das Kurssystem eingeführt.

Die beiden letzten Schuljahre werden in vier Semester aufgeteilt. Zu Beginn eines jeden Semesters kann sich jede Schülerin resp. jeder Schüler einen individuellen Stundenplan zusammenstellen. Die Kurse umfassen – je nach Niveau – entweder (in den Grundkursen) zwei bis drei oder (in den Leistungskursen) fünf bis sechs Wochenstunden. Die beiden Kursarten unterscheiden sich hinsichtlich der Komplexität des Unterrichtsstoffs, des Grades der Differenzierung und Abstraktion der Inhalte, des Anspruchs an die Methodenbeherrschung und in der Forderung nach Selbstständigkeit bei der Lösung von Problemen (vgl. Kaiser 1995, S. 137). Pro Semester belegt jede Schülerin bzw. jeder Schüler durchschnittlich 30 Wochenstunden. Die Kurse sind Aufgabenfeldern oder Fächern zugeordnet, nämlich dem sprachlich-literarisch-künstlerischen Aufgabenfeld, dem gesellschaftswissenschaftlichen Aufgabenfeld, dem mathematisch-naturwissenschaftlich-technischen Aufgabenfeld. Aus jedem dieser Aufgabenfelder werden Kursangebote gewählt, wobei die einzelnen Bundesländer die Wahl- und Kombinationsmöglichkeiten vorgeben. Dabei werden oftmals Pflichtfächer vorgegeben, die Mindestanzahl von Kursen wird festgelegt oder Kurse werden miteinander so verknüpft, dass sie nur in Kombination gewählt werden dürfen.

In der reformierten Oberstufe wird die Leistungsbewertung verändert. Ein Punktesystem wird eingeführt, das durch Rechnungsverfahren mit den Notenstufen verbunden wird. In der »Erklärung zur Weiterentwicklung der Einheitlichen Prüfungsanforderungen in der Abiturprüfung« der KMK (1977), in den (1987) ergänzten Lübecker Beschlüssen von 1977, wurden neue Vereinbarungen getroffen. 1988 kam es zu deren Neufassung, bei der die Zahl der obligatorischen Kurse vergrößert wurde.

»Die Abschlussprüfung am Gymnasium, das Abitur, wird jährlich abgenommen. Zur Prüfung zugelassen wird, wer die nach Art und Anzahl vorgeschriebenen Kurse absolviert und mit seinen Leistungen eine bestimmte Gesamtpunktzahl erreicht hat. Im Abitur wird der Schüler in drei Fächern schriftlich (in den beiden Leistungsfächern und einem Pflichtfach) und bei Beurteilungszweifeln auch mündlich und in einem vierten Fach nur mündlich geprüft. Die

Aufgaben der Prüfungsarbeiten werden in zwei Bundesländern (Bayern und Baden-Württemberg) zentral von der zuständigen Schulbehörde gestellt. In den übrigen Bundesländern verzichtet man auf eine derartige Zentralisierung; dort schlägt der jeweilige Fachlehrer mehrere Themen und Aufgabenstellungen vor, unter denen die Schulaufsichtsbehörde dann unter dem Gesichtspunkt überschulischer Vergleichbarkeit von Anforderungen eine Auswahl trifft.« (Arbeitsgruppe Bildungsbericht 1994, S. 500)

Betrachtet man das Wahlverhalten der Schülerinnen und Schüler, so kann man Folgendes feststellen:

»An der Spitze der Leistungskurs-Wahlen stehen die Fächer Englisch, Mathematik, Biologie und Deutsch; in beträchtlichem Abstand folgen Geographie, Geschichte, Physik, Französisch und Chemie. Merklich aufgewertet wurde das Fach Biologie, während die zweite Fremdsprache offenbar an Gewicht verlor (...).« (Arbeitsgruppe Bildungsbericht 1994, S. 504)

Dem Gymnasium wird ein hohes komplexes Anspruchsniveau zugeschrieben. Die vorherrschende methodische Grundform ist das entwickelnde und freie Unterrichtsgespräch, das gelegentlich in Diskussionen einmündet. Die kognitiv akzentuierte Gymnasialkultur ist mit einem aktiven Schulleben verbunden (vgl. Arbeitsgruppe Bildungsbericht 1994, S. 515). Die Kritik an der gymnasialen Oberstufe richtet sich auf

- die Auflösung der Jahrgangsklasse und ihre Ersetzung durch das Kurssystem,
- die Auflösung des traditionellen Gymnasialkanons und seine Ersetzung durch spezielle Profile,
- die Aufwertung traditioneller Nebenfächer und ihr Angebot in Form von Leistungskursen,
- geschlechtsspezifische Schwerpunktsetzungen bei der Kurswahl,
- die Erteilung einer Berechtigung, die allgemeine Studierfähigkeit bescheinigt, obwohl diese im Einzelfall nicht immer gegeben ist.

In jüngster Zeit gerieten die Gymnasien in die Diskussion, weil sie durch die Steigerung ihres Schüleranteils ihr Gesicht veränderten. Eine Folge seien Niveauverluste bei schleichender Umwandlung in »Gesamtschulen neuen Typs«. Sie seien weiterhin studienpropädeutisch ausgerichtet, zugleich würden immer mehr Schülerinnen und Schüler unterrichtet, von denen beinahe die Hälfte nicht studieren wolle (Rolff 1992, S. 108). Die Gymnasien sollten auf die veränderte soziale Zusammensetzung ihrer Schülerschaft reagieren, z.b. durch eine breitere Fassung des inhaltlichen Bildungskonzeptes. Andere Autoren plädieren dafür, den Zugang zum Gymnasium zu erschweren und es als Eliteschule zu festigen (vgl. Rehfus [2]1997, S. 189).

In den 1990-Jahren wurde vor allem die Dauer des gymnasialen Schulbesuchs erörtert. Argumentationen für eine Verkürzung der Schulzeit des Gymnasiums heben darauf ab, dass das Durchschnittsalter deutscher Universitätsabsolventen beim Berufseintritt bei 27,9 Jahren (26,7 Jahren bei Fachhochschulabschluss) liegt und deutsche Bewerberinnen und Bewerber im europäischen Wettbewerb um Berufspositionen im Durchschnitt bis zu drei Jahre (aufgrund des hohen Einschulungsalters, des Wehr- oder Zivildienstes) älter seien. Die Alterssicherungssysteme der Bundesrepublik verkrafteten einen so späten Berufseintritt junger Erwachsener nicht. Zusätzlich wird konstatiert, dass die Schulbesuchsmotivation mit steigendem Alter sinke (vgl. Wiater 1996, S. 124). Zusätzlich ergibt sich die Situation, dass die neuen Bundesländer (mit Ausnahme Brandenburgs) die Allgemeine Hochschulreife nach acht Jahren Gymnasial- oder Gesamtschulzeit in ihren Schulordnungen (1990) festgeschrieben haben. Das bedeutet, dass man in der Bundesrepublik Deutschland das Abitur mit allgemeiner Studierfähigkeit sowohl nach zwölf als auch nach dreizehn Pflichtschuljahren erwerben kann. Schon in den 1980er-Jahren wurden in der alten Bundesrepublik Konzepte für ein Abweichen von der neunjährigen Schulzeit im Gymnasium entwickelt.

»Rheinland-Pfalz richtete an fünf Gymnasien für die 20 bis 25 Prozent guten Schüler Klassen ein, in denen der Unterrichtsstoff der Klassen 7, 8 und 9 auf zwei Jahre konzentriert wurde (›D-

Zug-Klassen‹). In Hessen gab es vier solcher Versuchsgymnasien. Andere Bundesländer empfahlen eine Rückbesinnung auf schon bestehende Regelungen (…) zum ›Überspringen‹ einer Jahrgangsstufe bei herausragender Schülerleistungsfähigkeit. (…) In Baden-Württemberg und Niedersachsen wurde laut darüber nachgedacht, das Abitur nach 8 Jahren durchzuführen. (…) Dabei kristallisierte sich heraus, dass zwischen den Bundesländern am ehesten ein Nebeneinander von verkürzter und herkömmlicher Gymnasialschulzeit konsensfähig war: 8 Jahre für die leistungsstärkeren Schülerinnen und Schüler, 9 Jahre für die langsamer lernenden Gymnasiasten und für die Schülerinnen und Schüler, die nach der 10. Klasse aus anderen Schulformen (Realschule, Hauptschule) in die gymnasiale Oberstufe übertreten.« (Wiater 1996, S. 123)

Die Gesamtschule

Die Gesamtschule hat ideengeschichtlich eine außerordentlich lange Tradition. Sie nimmt in der Neuzeit bei J.A. Comenius (1592–1670) ihren Ausgangspunkt. War für Comenius die Gleichheit aller Menschen vor Gott die Leitidee, so trat dieser Gedanke im Kontext der Aufklärungsideen des 18. Jahrhunderts in säkularisierter Form auf. In den Plänen Condorcets (1743–1794) und Lepeletiers (1760–1793) wird die Aufgabe der Schule und der durch sie vermittelten Bildung politisch akzentuiert. Bildung als Bürgerrecht hat die Aufgabe, die politische Gleichheit aller Bürger herzustellen, d.h. die gesetzlich anerkannte Gleichheit zu einer praktisch wirksamen zu machen. Anthropologisch fundiert ist die Konzeption einer Stufenschule von W. v. Humboldt (1767–1835) und von J. W. Süvern (1775–1829), die in einem nie realisierten Unterrichtsgesetzentwurf von 1819 zum Ausdruck kommt.

In der Reformpädagogik im ersten Drittel des 20. Jahrhunderts kommt die Einheitsschulidee zu großer Wirksamkeit, z.B. in Überlegungen zur »elastischen Einheitsschule« des Paul Oestreich (1878–1959) und zur »freien und allgemeinen Volksschule« von Peter Petersen (1884–1952). In den Jahren nach 1945 gibt es unter dem Einfluss der Besatzungsmächte Ansätze, das Schulwesen oberhalb der Grundschule gesamtschulartig aufzubauen, etwa in der Direktive Nr. 54 des Alliierten Kontrollrates von 1947. Von vereinzelten Bemühungen in den 1950er-Jahren abgesehen – etwa der Einrichtung von Schulkombinaten in Bremerhaven oder Versuchen mit dem differenzierten Mittelbau in Niedersachsen – lebte die Diskussion in der Bundesrepublik erst im Anschluss an die Vorschläge des Deutschen Ausschusses für das Erziehungs- und Bildungswesen zur Reform des gegliederten Schulwesens und die sich daran anknüpfende Kritik wieder auf (vgl. Sander/Rolff/Winkler 1967, S. 76ff.; Herrlitz 1978; Keim 1978; Ludwig 1981).

Das eigentliche Vorbild der Gesamtschule in anderen Ländern waren die High Schools der USA, die neuen Comprehensive Schools in England und die reformierte, neunjährige schwedische Grundschule (vgl. Sander/Rolff/Winkler 1967, S. 86ff; Mitter 1972). Die Kritik am dreigliedrigen Schulsystem führte in den 1960er-Jahren zur Entfaltung der Gesamtschulidee. Die Gesamtschule sollte bis zum Ende der Sekundarstufe I allen Schülerinnen und Schülern eine zeitgemäße Grundbildung vermitteln, einen Beitrag zum »Abschöpfen« der Begabungsreserven leisten und bildungsfernen Schichten weiterführende Bildungsgänge erschließen. Damit sollte ein Beitrag zur Verminderung sozialer Disparitäten in der Bildungsbeteiligung und beim Schulerfolg erreicht werden. Die Gesamtschule sollte die Bildungswege bis zum Ende der Sekundarstufe I offen halten, eine individuelle Profilbildung nach Leistung und Neigung ermöglichen und durch kompensatorische Hilfsangebote besonders schwächere Schüler beim Lernen unterstützen. Die Integrierte Gesamtschule sollte vor allem eine grundlegende Curriculumrevision zur Aufklärung gesellschaftlicher Verhältnisse durch Unterricht, fächerübergreifendes Lernen in praxisbezogenen Projekten, eine Veränderung des herkömmlichen Leistungsbeurteilungssystems, soziales Lernen und Demokratisierung der inneren Schulstruktur (durch eine kollegiale Schulleitung, durch die Beteiligung von Eltern und Schülern an Entscheidungsprozessen) bewirken. Innere Differenzierung in der Gesamtschule durch Leistungskurse wurde als ein Restbestandteil der sozialen Selektion durch das Schulsystem begriffen. Die gemeinsame Beschulung von Schülerinnen und Schülern aller Sozialschichten, die Erfahrung von sozialer Koedukation und Integration, Demokratisierung und Herstellung von Öffentlichkeit, auch durch eine gemeinsame Schulkultur, erschienen für die Gestaltung der IGS besonders wichtig.

Die Idee der Gesamtschule war nicht unumstritten. Neben der konservativen Kritik, die der Gesamtschule u.a. Überforderung schwacher Schülerinnen und Schüler, Leistungsnivellierung und -verfall, Schaffung von Megasystemen, Belastung der Lehrkräfte durch Koordination und Besprechungen vorwarf, wurde die Gesamtschule auch von links als »Ausdruck der technokratischen Tendenz, die Ausbildung der Jugend effektiver und Kosten sparender auf die sich verändernden Bedürfnisse der spätkapitalistischen Leistungsgesellschaft im Interesse der herrschenden Gruppen (...) auszurichten« (Klafki [1974] 1981, S. 24), kritisiert. Der Deutsche Bildungsrat legte 1969 eine Empfehlung vor, 40 Gesamtschulen in der Bundesrepublik als Versuchsschulen einzurichten. In das Versuchsprogramm wurden zwei Gesamtschulvarianten – nämlich die integrierte und die kooperative Gesamtschule – sowie Ganztags- und Halbtagsschulen einbezogen. Die Gesamtschule wurde in zwei Formen konzipiert:

- In der *additiven oder kooperativen Gesamtschule* bleiben die drei traditionellen Schulformen bestehen. Sie werden jedoch in einem Schulzentrum zusammengefasst. Organisatorische und curriculare Abstimmungen sollen den Wechsel zwischen den Schulformen erleichtern.
- Die *integrierte Gesamtschule* ersetzt die drei traditionellen Schulformen. Die Gesamtschule führt die Jahrgangsstufen 5 bis 10 bzw. 7 bis 10 (nach sechsjähriger Grundschule), manchmal auch eine eigene gymnasiale Oberstufe. In der Sekundarstufe I besteht eine vielfältige und flexible Unterrichtsorganisation mit Jahrgangsklassen, Unterricht in Fachleistungskursen, Wahlpflichtveranstaltungen und Wahlangeboten.

Die Bundesländer verbanden mit der Gesamtschulidee unterschiedliche Vorstellungen und Absichten:

- Berlin, Bremen und Hessen verstanden den Schulversuch als einen ersten Schritt zur Verwirklichung der Gesamtschule. Er sollte zu einem generalisierbaren Prototyp resp. zur Entwicklung verallgemeinerungsfähiger Strukturelemente führen. Berlin gründete zunächst wenige Modellschulen, an denen ein Grundmodell entwickelt wurde. Man sorgte für die gesetzliche Absicherung der Gesamtschule als Regeleinrichtung und erweiterte nach der Konsolidierung das Gesamtschulangebot.

- Eine zweite Gruppe Länder (Niedersachsen, Hamburg, Nordrhein-Westfalen) interpretierte den Schulversuch als ein Experimentieren mit Gesamtschulvarianten. Ziel war es, langfristig zu einem oder mehreren erprobten Gesamtschulmodellen zu gelangen. Daraus entwickelte sich eine Politik der durch Nachfrage gesteuerten Gesamtschulentwicklung, die sich in den 1980er-Jahren in allen sozialdemokratisch regierten Bundesländern durchgesetzt hat.

- Eine dritte Ländergruppe (Baden-Württemberg, Bayern) wollte die Gesamtschule unter dem Gesichtspunkt erproben, ob sie sich – im Vergleich zum dreigliedrigen Schulsystem – bewähre.

Mit dem Abschluss der Versuchsphase (1982) wurde von den Kultusministern der Ländern eine Vereinbarung über die wechselseitige Anerkennung von Gesamtschulabschlüssen getroffen. Diese legte auch Mindestanforderungen zur Differenzierung fest. Danach war eine äußere Fachleistungsdifferenzierung ab der 7. Jahrgangsstufe auf mindestens zwei Anspruchsebenen in Mathematik und in der ersten Fremdsprache vorzusehen, spätestens ab der 8. Jahrgangsstufe in Deutsch sowie spätestens ab der 9. Jahrgangsstufe in Physik und Chemie. Die Länder waren gehalten, ihre Regelungen entsprechend anzupassen. Abgesehen von sechs integrierten Gesamtschulen mit besonderer Konzeption, die als Ausnahmen ausdrücklich bestehen blieben, nahm die Vielfalt der Differenzierungsmodelle ab (vgl. Dahmen/Breitenbach/Mitter/Wilhelmi 1984, S. 28).

»Im Bundesdurchschnitt haben die integrierten und kooperativen Gesamtschulen auch Ende der achtziger Jahre nur eine geringe quantitative Bedeutung. Im Schuljahr 1991/92 lernten in den al-

ten Bundesländern 8 Prozent der Schüler der 7. Jahrgangsstufe an integrierten und 4 Prozent an kooperativen Gesamtschulen. Aber während in Bayern die Schulversuche mit dieser Schulform 1992/93 ausliefen oder in Baden-Württemberg nur etwa 1 Prozent der Schüler dieser Klassenstufe eine integrierte Gesamtschule besuchen, lag ihr Anteil in den Stadtstaaten Hamburg und (Gesamt)Berlin bei 21 bzw. 36 Prozent. Hessen folgt mit 15 und das bevölkerungsreichste Land Nordrhein-Westfalen mit 12 Prozent. In Nordrhein-Westfalen bestand noch Ende der achtziger Jahre ein Nachfrageüberhang, auf den mit weiteren Schulgründungen reagiert wurde.« (Arbeitsgruppe Bildungsbericht 1994, S. 523)

Flächendeckend wurde die Gesamtschule – mit nur einer regionalen Ausnahme – nirgends eingeführt. Betrachtet man die Nachfrage der Eltern als Regulativ, »so deutet sich derzeit so etwas wie eine Sättigung der Nachfrage an, wenn die Gesamtschule ungefähr 30 Prozent eines Schülerjahrgangs erreicht« (Arbeitsgruppe Bildungsbericht 1994, S. 542). Die neu gegründeten Gesamtschulen hatten zunächst größere Freiheit bei der Gestaltung des Unterrichts. Sie investierten oft in überregionaler Zusammenarbeit viel Zeit für die Entwicklung eigener Unterrichtsmaterialien; teilweise stellten diese Schulen zu Beginn der 1970er-Jahre »Curriculumwerkstätten« dar. In verschiedenen Bundesländern wurden integrierte Lehrpläne für die gesamte Sekundarstufe I erarbeitet, die ein gemeinsames, obligatorisches Fundament für alle Schüler sowie Zusatzanforderungen für den mittleren Abschluss bzw. für den Übergang in die gymnasiale Oberstufe festlegten. In integrierten Gesamtschulen erfolgt der Unterricht in einem Teil der Fächer in heterogenen Kern- oder Stammgruppen – also in den alten Jahrgangsklassen – und in nach Fachleistung bzw. Neigung zusammengesetzten Kursen bzw. Lerngruppen (Kern-Kurs-System).

»Die Zahl der leistungsdifferenzierten Fächer sowie die Anzahl der Niveaugruppen sind von Bundesland zu Bundesland unterschiedlich festgelegt und variieren teilweise von Schule zu Schule. Zu den nicht differenzierten Fächern gehören im Allgemeinen Geschichte, Geographie, Sozialkunde, Musik/Kunst. In den Naturwissenschaf-

ten tritt an die Stelle der meist erst später einsetzenden Fachleistungsdifferenzierung nicht selten die Wahlpflichtdifferenzierung. Nach Fachleistung werden differenziert: die erste Fremdsprache (meist Englisch), Mathematik, Deutsch und gelegentlich auch die Naturwissenschaften. (...) Neben unterschiedlichen Formen der Niveaudifferenzierung ist eine ausgeprägte Neigungsdifferenzierung ein weiteres Charakteristikum der Unterrichtsorganisation an Gesamtschulen. (...) Im so genannten Wahlpflichtbereich muss der Schüler zu festgelegten Zeitpunkten aus den von der Schule angebotenen Fachalternativen eine Auswahl treffen. (...) Die wichtigste Wahlentscheidung fällt in der Regel bereits in der 7. Jahrgangsstufe, wenn zwischen der zweiten Fremdsprache und einem verstärkten polytechnischen und naturwissenschaftlichen Unterricht entschieden werden muss. Diese Wahl ist in vielen Fällen eine Vorentscheidung über den angestrebten Schulabschluss, da das Abitur zwei Fremdsprachen voraussetzt. (...) Eine zweite Wahlpflichtentscheidung ist im 9. Schuljahr aus einer Reihe von Angeboten (zweite bzw. dritte Fremdsprache, verstärkter mathematisch-naturwissenschaftlicher Unterricht, verstärkter sozialwissenschaftlicher Unterricht u.a.) zu treffen. Im wahlfreien Bereich wählt der Schüler zusätzlich fakultative Veranstaltungen (...).« (Arbeitsgruppe Bildungsbericht 1994, S. 531, 535f.)

Festzuhalten bleibt, dass sich Gesamtschulen stark voneinander unterscheiden. Bemerkenswert sind einmal Aspekte der »rollenden Reform«, zweitens das Lernen aus den Fehlern der ersten Gesamtschulgründungen bei der Gründung neuer Gesamtschulen in den 1980er-Jahren (Gesamtschulen der zweiten Generation) und die permanente Weiterentwicklung des pädagogischen Programms, z.b. durch Binnendifferenzierung und durch das – die Gesamtschulpädagogik prägende – Team-Kleingruppen-Modell (vgl. Köpke 1996, S. 236).

Die Abschlusszeugnisse der Gesamtschulen werden mit Noten versehen. Dabei muss in der Benotung der Fächer mit äußerer Fachleistungsdifferenzierung kenntlich gemacht werden, auf welchen Anspruchsebenen die festgestellten Leistungen jeweils erbracht wurden. Besondere Prüfungen finden weder im Zusammenhang mit der Aufnahme noch beim Verlassen nach der 9. oder 10. Jahrgangsstufe statt. An den integrierten Gesamtschulen werden Abschlüsse erworben, die dem Hauptschulabschluss am Ende der Jahrgangsstufe 9, in einigen Ländern dem erweiterten Hauptschulabschluss am Ende der Jahrgangsstufe 10, dem Realschulabschluss am Ende der Jahrgangsstufe 10 sowie der Übergangsberechtigung in die gymnasiale Oberstufe am Ende der Jahrgangsstufe 10 gleichgestellt sind. Einen eigenen Abschluss der Gesamtschule gibt es also ebenso wenig wie einen allgemeinen, nach Schularten oder Bildungsgängen profilierten Sekundarabschluss I (vgl. Keim 1978).

Die Gesamtschule, die ursprünglich mit der Absicht gegründet wurde, das traditionelle Schulsystem zu ersetzen, steht mit diesem inzwischen in einem nicht intendierten Wettbewerb. Als Reformschule führt sie einerseits zu einer deutlichen Bereicherung des Schulangebots und wirkt andererseits als Katalysator für die Weiterentwicklung der gegliederten Schulformen. Gleichzeitig steht sie unter Vergleichs- und Konkurrenzdruck mit dem traditionellen Gymnasium. Besonders Integrierte Gesamtschulen haben im Allgemeinen ein beachtlich hohes Sockelniveau in ihrer Lern- und Erziehungskultur vorzuweisen. Trotzdem müssen sich auch Gesamtschulen weiterentwickeln (vgl. Holtappels/Rösner 1996, S. 222). Drei Konstellationen lassen sich unterscheiden:

- *Die Gesamtschule als Einzelschule besonderer Prägung innerhalb eines reichhaltigen Schulangebots.* Zu diesem Typus zählen Einrichtungen, die als Einzelschulen das Schulangebot einer (städtischen) Region ergänzen, ohne einen nennenswerten Anteil der Schülerschaft eines Jahrgangs zu rekrutieren. Wenn die Nachfrage nach Gesamtschulplätzen merklich die vorhandene Kapazität übersteigt, verfügen die Gesamtschulen oft über eine leistungsmäßig ausgewogene Schülerschaft. Wenn die Nachfrage nach Plätzen die Angebotskapazität unterschreitet, sammelt sich hier eine Schülerschaft mit Problembelastungen, auf die die Gesamtschule mit besonderen pädagogischen Programmen zu reagieren sucht.

- *Gesamtschulen als Teil der schulischen Basisversorgung einer Kommune.* Infolge zurückgehender Schülerzahl in den 1980er-

Jahren war in strukturschwachen Gebieten die Gesamtschule eine attraktive Alternative. Droht einer Kommune der Verlust ihres vollständigen Schulangebotes, können durch die Umwandlung bestehender Schulen in eine Gesamtschule weiterhin alle Schulabschlüsse in einer Gemeinde erworben werden.

- *Gesamtschule unter Konkurrenzdruck.* In Regionen, in denen das Gesamtschulangebot erheblich erweitert wurde, sodass diese Schulform zwischen 20 und 30 Prozent der Schülerschaft eines Jahrgangs aufnimmt und zugleich die Wahl zwischen den Schulformen offen steht, befindet sich die Gesamtschule in einem scharfen Wettbewerb mit den traditionellen Schulen. Eltern und Lehrer halten die Gesamtschule »als besonders geeignet für Schüler, die ein unausgeglichenes Leistungsprofil haben, deren Schullaufbahn schwer zu prognostizieren ist oder die bislang mäßige Schulleistungen erreichten, jedoch langfristig eine günstigere Leistungsentwicklung versprechen, sowie für jene Schüler, die aufgrund ihrer familiären Situation eine schulische Ganztagsbetreuung benötigen. (…) Dies hat zur Folge, dass die Schülerschaft der Gesamtschulen durch einen doppelten ›Creaming-Prozess‹ gekennzeichnet ist. Die Schulen sind zwar einerseits von besonders leistungsschwachen Problemschülern entlastet – diese nimmt die Hauptschule auf –, ihnen fehlt aber andererseits die Leistungsspitze, die ins Gymnasium wechselt. Die Abwanderung gerade der leistungsfähigsten Schüler scheint mit der Breite des Gesamtschulangebots zuzunehmen.« (Arbeitsgruppe Bildungsbericht 1994, S. 527)

Die Sonderschulen

Das Sonderschulwesen kann in Deutschland auf eine zweihundertjährige Geschichte zurückblicken. Diese Geschichte ist als Geschichte der Ausdifferenzierung beschreibbar. Die Sonderschule nimmt Kinder und Jugendliche mit Behinderungen auf, die umfänglich, schwer und langfristig sind.

Man versteht unter Sonderschulen Einrichtungen, die für ausgewählte Problemgruppen, nämlich Lernbehinderte, Geistigbehinderte sowie Körper- und Sinnesbehinderte geschaffen sind. Neun Typen von behinderungsspezifischen Sonderschulen stellen rechtlich und organisatorisch eine vierte vertikale Säule des Schulwesens dar. Ungefähr ein Fünftel dieser Einrichtungen in den alten Bundesländern hat private Träger. Die Sonderschule ist eine Stufen übergreifende Schulform; sie umfasst in der Regel die Klassen 1 bis 10, d.h. sie nimmt 6- bis 16-jährige Kinder und Jugendliche auf. Bei besonderem Bedarf werden auch ältere Schülerinnen und Schüler von der Sonderschule beschult. Sonderschulen in den alten und neuen Bundesländern nehmen etwa 3 bis 4 Prozent der Schülerschaft eines Altersjahrgangs auf, weil davon ausgegangen wird, dass sie im Regelschulsystem nicht genügend spezifische Lernhilfen erhalten.

»*Von 1960 bis 1975 hat sich die Schülerzahl an den Sonderschulen der alten Bundesländer nahezu verdreifacht (1975 fast 400.000); seit 1975 ist sie wieder um mehr als ein Drittel zurückgegangen. Etwa zwei Drittel der Schüler sind Jungen. Die Zahl der Lehrer an Sonderschulen aller Art ist im selben Zeitraum beträchtlich gestiegen, und zwar zunächst sehr stark von 7.300 im Jahr 1960 auf 38.300 im Jahr 1975, und erhöhte sich trotz des Schülerrückgangs auf 45.300 im Jahr 1990. Dies hat zu einer bemerkenswerten Verkleinerung der Klassen geführt, die allerdings je nach der Behinderung der Kinder sehr verschieden weit geht.*« (Arbeitsgruppe Bildungsbericht 1994, S. 350)

Die *Sonderschule für Lernbehinderte* ist der am stärksten besuchte Sonderschulzweig der alten Bundesländer. Sie konzentriert sich auf die Kinder, die im Regelschulwesen nicht hinreichend gefördert werden. Die Lernschwäche geht oft mit Anregungsarmut der Umwelt, Sprachvernachlässigung, emotionaler und sozialer Vernachlässigung, Verwahrlosung und kultureller Deprivation einher. Viele ausländische Kinder und Jugendliche werden in diese Schule geschickt. Die pädagogische Arbeit in dieser Schule geschieht kleinschrittig, langsam, mit häufigen Wiederholungen und eher konkret-anschaulich. Erfolge erzielt diese Schule, wenn es ihr gelingt, einen Teil der lernbehinderten Schülerinnen und Schüler ins Regelschulwesen zu reintegrieren oder wenn sie es den Schülerinnen und Schülern ermöglicht, den Hauptschulabschluss zu erwerben.

Der Begriff »Verhaltensstörung« ist eine Sammelumschreibung für verschiedene psychische Störungen bei Psychopathien, Neurosen sowie frühkindlichen diskreten Hirnschädigungen mit Verhaltensauffälligkeiten. In der Regel steht dieser Begriff in der Gefahr, dass mit ihm Missbrauch durch Etikettierung von Schülerinnen und Schülern betrieben wird. Die *Sonderschule für Verhaltensgestörte* zielt auf dem Hintergrund einer Gruppenerziehung darauf, zweckmäßige Verhaltensweisen zu lehren und die Kinder und Jugendlichen darauf zu konditionieren, unangemessene Verhaltensweisen zu verlernen. In der Schule wird versucht, psychotherapeutische Intervention und unterrichtliche Förderung miteinander zu verbinden. Dieser Typus der Sonderschule ist oftmals mit Heimen, Internaten oder Kliniken verbunden.

Die *Sonderschule für geistig behinderte Kinder* ist für Kinder und Jugendliche konzipiert, bei denen eine tief greifende Veränderung der Lebensfunktionen bis in körperliche und motorische Entwicklungsverzögerungen feststellbar ist. In der Ätiologie überwiegen organische Formenkreise (Hirnschädigung, Down-Syndrom). Die Schule bereitet nicht auf die Schulabschlüsse der allgemein bildenden Schulen vor, sondern vermittelt lebenspraktische und soziale Fähigkeiten mit dem Ziel der Vorbereitung dieser Kinder und Jugendlichen auf ein Leben in für sie geschaffenen Einrichtungen und auf eine Arbeit in Werkstätten für Behinderte.

Sprachbehinderung ist ein Sammelbegriff für mannigfache Störungen von Sprache (Aphasie, Dysgrammatismus), Reden (Stottern, Poltern) und Sprechen (Stammeln, Stimmstörung). Ziel der Sprachheilbehandlung ist die Beseitigung der Behinderung. Die Therapie der Sprachbehinderung wird in der *Sonderschule für Sprachbehinderte* mit Erziehung und Unterricht verbunden. Diese Schule zielt in besonderem Maß auf die zeitige Rückschulung ihrer Klientel ins Regelschulsystem.

Körperbehinderte Schülerinnen und Schüler umfassen eine äußerst heterogene Gruppe von kranken und physisch beeinträchtigten Kindern (z.B. mit Extremschädigungen, Missbildungen des Stützsystems, zerebralen Lähmungen, Anfallsleiden, Muskelerkrankungen). Neben der Vermittlung des Lehrstoffes, der dem des Regelschulwesens entspricht, zielt der Unterricht auf vielfältige Anschauung und auf eine Erziehung in und durch die Gemeinschaft, um der Gefahr eines Rückzugs und der persönlichen Isolierung entgegenzusteuern. Der Unterricht wird oftmals mit therapeutischen Hilfen (Krankengymnastik, Sprachtherapie, Beschäftigungstherapie) verzahnt.

Die *Schulen der Sinnesbehinderten*, die Schulen für Blinde und Gehörlose sind die ältesten Sonderschultypen. Aus ihnen haben sich Schulen für leichtergradig Behinderte herausgebildet, nämlich Schulen für Sehbehinderte bzw. für Gehörlose. Der Gehörlose vermag mit dem Gehör keine Sprache aufzunehmen. Die Orientierung zielt darauf, den Gehörlosen in die sprechende Umwelt zu integrieren. Frühzeitige Sprachanlernung, auch zur Förderung der kognitiven Entwicklung und zum Abbau der sozialen Sonderstellung, wird intendiert. »Alle methodisch-didaktischen Fragen zentrieren sich um die ›richtige‹ Methode der frühzeitigen Sprachbildung: Entwicklung der Lausch- und Antlitzgerichtetheit, Erarbeitung eines Abseh-Wortschatzfundaments, konstruktiver Sprachaufbau und Sprechausbau mittels Artikulations- und Sprachformunterricht.« (Bleidick 1995, S. 278) Daneben wird unter Gehörlosen die Gebärdensprache als eigenes Kommunikationssystem gebraucht, das durch das Erlernen eines Fingeralphabets unterstützt werden kann. Neben der *Schule für Gehörlose* gibt es eigene *Einrichtungen für Schwerhörige*. Die Schule für Schwerhörige (Hörbehinderte) nimmt Kinder und Jugendliche mit einem Hörverlust zwischen 30 und 90 Dezibel auf. Damit ist ein teilweises Verstehen gesprochener Sprache möglich. Trotzdem ist die mangelnde auditive Sprachauffassung durch Absehen von Sprechbewegungen zu ergänzen. Daneben wird das Restgehör unter Verwendung elektroakustischer Hörmittel ausgenutzt und gezielt trainiert. Gerade die Schwerhörigen können heute erfolgreich unterrichtet werden. Vielfach gelingt es ihnen, mittlere und höhere Bildungsabschlüsse zu erwerben.

Zentrales Anliegen der *Schule für Blinde* ist die »Vermittlung eines Vikariats, der Aufbau einer adäquaten Wahrnehmungs- und Vorstellungswelt durch Inanspruchnahme der verbliebenen Sinne von Tastsinn (Blindenpunktschrift) und Gehör, aber auch der noch vorhandenen Sehfähigkeit bei hochgradig Sehbehinderten (›praktische Blinde‹)« (Bleidick 1995, S. 278). Die Lernziele der Schule für Blinde sind am Kanon der Regelschule orientiert. Aufgrund der Heterogenität der Schülerschaft findet das Lernen dort individualisiert statt. Die *Schulen für Sehbehinderte* sind oftmals mit Schulen für Blinde kombiniert. Schulen für Sehbehinderte zielen darauf, den Sehrest der Schülerinnen und Schüler optimal auszunutzen und durch optische Hilfsmittel und Medien sowohl das Sehvermögen zu schonen als auch die visuellen Leistungen zu steigern.

Die *Sonderschulen für Körper- und Sinnesbehinderte* versuchen, Defizite mithilfe besonderer Ausstattungen zu kompensieren. Diese Sonderschulen umfassen weiterführende Schulzweige, die höhere Schulabschlüsse vergeben; sie können viele Körper- und Sinnesbehinderte mit entsprechender Unterstützung erfolgreich zu einem Abschluss führen. Vielfach erreichen Sinnesbehinderte einen Hauptschulabschluss; sehbehinderte und schwerhörige Schülerinnen und Schüler erwerben oftmals mittlere und höhere Abschlüsse (vgl. Berghaus 1995).

Integrative Förderung beginnt oftmals in Kindergärten, in denen versucht wird, schwer behinderte Kinder in Gruppen aufzunehmen und zu fördern. Manchmal wird die gemeinsame Erziehung behinderter und nicht behinderter Kinder in der Grundschule fortgesetzt. Skepsis bzw. eine abwartende Haltung dagegen nehmen oftmals die Schulverwaltungen bzw. die Sonderschulpädagoginnen und -pädagogen ein. Sie halten die Reduzierung der Zahl oder die Auflösung von Sondereinrichtungen für problematisch, da nur hier – gerade bei Mehrfachbehinderungen – eine gezielte Förderung möglich sei. Daher wird inzwischen davon ausgegangen, dass Sonderschulen als Angebotsschulen erhalten bleiben und wahlweise Möglichkeiten einer integrativen Beschulung bereitgestellt werden sollten.

»Als schwer wiegender Nachteil dieser ›offenen‹ Lösung wird bezeichnet, dass es nach dieser Regelung zwei Klassen von behinderten Kindern geben werde, nämlich die ›integrationsfähigen‹ und die ›nicht integrationsfähigen‹. Die Zuordnung zur Sonderschule bringe dann noch viel krasser zum Ausdruck, dass man bestimm-

ten Heranwachsenden den Anschluss an das alltägliche Zusammenleben nicht zutraue.« (Arbeitsgruppe Bildungsbericht 1994, S. 361)

Auseinandersetzung mit Bildungslandschaften und Vorschläge zu ihrer Weiterentwicklung

Bildungsreform und Wiedervereinigung beider Teile Deutschlands haben nach 1989 zu einer grundsätzlichen Veränderung und Diversifizierung der Bildungslandschaft geführt. Diese ist von Vielfalt, aber auch von erheblichen kommunalen und regionalen Disparitäten in Bezug auf die Schulangebotsstrukturen bestimmt. Bargel/Kuthe unterscheiden sechs verschiedene »Schullandschaften«, nämlich die »vielfältige«, die »duale«, die »gegliederte«, die »integrierte«, die »labile« und die »verödete« Schullandschaft.

In der *vielfältigen Schullandschaft* sind alle Arten von Schulen zu finden wie allgemein bildende und berufliche Gymnasien, Gesamtschulen wie Kollegschulen. In der *dualen Schullandschaft,* vor allem in den neuen Bundesländern, koexistieren Gesamtschule (oder Mittelschule) und Gymnasium. Es fehlen in der Regel Haupt- und/oder Realschule. Nebeneinander stehen Hauptschule, Realschule und Gymnasium in der *gegliederten Schullandschaft.* In der *integrierten Schullandschaft* lassen sich in der Regel Gesamtschulen und nur noch Reste des gegliederten Schulangebotes finden. Die *labile Schullandschaft,* die instabil ist und in der Eltern nicht sicher sein können, dass einzelne Schularten am Ort oder in der Region weitergeführt werden, und die *verödete Schullandschaft* mit Einzelschulen, die bezogen auf Schülerzahl und Züge oft nicht mehr tragfähig sind, sind außerordentlich problematische Schullandschaften.

»Mittel- wie langfristig bleibt die Auslegung des gegliederten Schulwesens labil, anfällig für demographische Auf und Abs sowie für einen tendenziellen Nachfragewandel – und die einzelnen Angebote erscheinen deshalb vielfach ungesichert (…). Die Eignung des gegliederten Schulwesens für eine gleichwertige, tragfähige, sta-

bile, wohnortnahe und chancengerechte Schulversorgung erweist sich vielerorts als unzureichend – und wird es immer mehr.« (Bargel 1996, S. 61)

Bargel/Kuthe schlagen vor, planerisch geeignete *Bildungsregionen* zu bilden, in denen tatsächlich Vielfalt herrscht (Bargel/Kuthe 1992, S. 53; Bargel 1996). Eine (teil)integrierte Schule könne ein wohnortnahes und stabiles Schulangebot sichern (1992, S. 63). Bargel betont (1996) explizit, dass das dreigliedrige Schulwesen für kleinere Gemeinden in ländlichen Gebieten nur eine begrenzte Leistungsfähigkeit aufweise. Wie kann ein (teil)integriertes Schulangebot aussehen?

Vorschläge für ein teilintegriertes Schulangebot

Vorschläge für die Neustrukturierung des Bildungssystems zielen auf einen zweigliedrigen Schulaufbau. Dabei geht man davon aus, dass das dreigliedrige Schulsystem, das die vormalige ständische Struktur der Gesellschaft widerspiegelt, in einer mobilen, dynamischen und demokratischen Gesellschaft zunehmend dysfunktional werde. Anknüpfend an den Ideen des Deutschen Bildungsrates, die 1970 im Strukturplan für das Bildungswesen niedergelegt wurden, erscheint eine »Zweigliedrigkeit« statt der jetzt bestehenden »Dreigliedrigkeit« als angemessene Alternative. Man orientiert auf die Integration von Haupt- und Realschulen neben dem Gymnasium. Legitimiert wird dieser Vorschlag durch den Hinweis auf einen eher studienbezogenen und einen tendenziell eher auf den Übertritt in den Beruf ausgerichteten Bildungsweg (vgl. Struck 1977). Vorschläge zur Schaffung eines (teil)integrierten Schulangebotes zielen vor allem auf die Umstrukturierung der Sekundarstufe I. Dabei werden Entwicklungen favorisiert, die auf eine Entfaltung von »Mischformen« zwischen dem voll integrierten Modell (Gesamtschule) und dem in Schulformen gegliederten Modell orientieren. Modelle einer Teilintegration im Bereich der Sekundarstufe I sind inzwischen vielfach praktisch geworden. In Hessen gibt es eine lange Tradition, parallele Bildungsgänge zu einem Verbund (*Bezirksschulen*) zusam-

menzufassen. Die *Mittelpunktschulen* umfassen die Bildungsgänge
der Volks- und Realschule unter einer gemeinsamen Schulleitung.
Auch Hamburg hat langjährige Erfahrungen mit dem schulrechtlichen Zusammenschluss von Haupt- und Realschulen vorzuweisen
(vgl. Holtappels/Rösner 1994, S. 59, 67). Ein zweigliedriges Fusi-
onsmodell, bestehend aus den beiden Säulen Haupt- und Realschule sowie Gymnasium, wie sie der *Verband Bildung und Erziehung*
(VBE) vorschlug, wird seit Beginn der 1990er-Jahre vor allem von
den Landesregierungen von Rheinland-Pfalz und Saarland aufge-
griffen. Neben den Schulen des Regelschulwesens werden unterschiedlich differenzierende Verbundmodelle aus Haupt- und Realschulen versuchsweise zugelassen. Dieses Konzept wurde unter dem
Namen *Regionale Schule* (als Integration von Haupt- und Realschulen) seit 1992 zunehmend in ländlichen Gebieten in Rheinland-
Pfalz verwirklicht (vgl. Aurin 1997, S. 34). In vier neuen Bundesländern wurden Sekundarschulformen etabliert, die entweder keine
Hauptschule mehr enthielten (Brandenburg) oder den Bildungsgang der Hauptschule mit dem der Realschule eng verbanden. Ein
solches »Zwei-Säulen-Modell« wurde 1991 im Zuge der Neuord-
nung des Schulwesens in drei neuen Bundesländern eingeführt. In
Sachsen-Anhalt besteht neben dem Gymnasium die *Sekundarschule*, in Sachsen die *Mittelschule* und in Thüringen die *Regelschule*.
Die zweite Säule neben dem Gymnasium stellt eine Verbindung
von Haupt- und Realschule dar, die unterschiedlich ausgestaltet
wird, nämlich entweder teilintegriert, miteinander verbunden oder
als Zusammenfassung selbstständiger Bildungsgänge. In diesen drei
Ländern gibt es keine eigenständigen Haupt- oder Realschulen,
aber auch keine Gesamtschulen als Regelschulen.

Heinz Günter Holtappels und Ernst Rösner (1994) unterscheiden zwei verschiedene Verbundsysteme, nämlich Schulen mit und
ohne Gymnasialangebot. *Vollständige Verbundsysteme* ermöglichen
ihren Schülerinnen und Schülern, zwischen sämtlichen Bildungsgängen als Bestandteile einer gemeinsamen Schule eine Auswahl zu
treffen. Dieses Angebot halten nur die Kooperativen Gesamtschulen (in Bremen, Hamburg, Hessen, Mecklenburg-Vorpommern,
Niedersachsen, Sachsen-Anhalt und Schleswig-Holstein) bereit. Als
unvollständige Verbundsysteme gelten die aus Haupt- und Realschu-

len gebildeten schulrechtlichen Einheiten (Hamburg, Hessen, Mecklenburg-Vorpommern, Rheinland-Pfalz, Sachsen, Sachsen-Anhalt, Thüringen). Die Wissenschaftler nennen als wichtige Vorteile der Verbundsysteme, dass diese grundsätzlich »entwicklungsoffen« (1994, S. 83) seien. Sie könnten auf ein verändertes Schulwahlverhalten der Eltern und ihrer Kinder flexibel reagieren, ermöglichten sinnvolle Kooperationen und seien kostengünstig. Die Bildungsgänge seien durchlässig und ermöglichten eine leistungsgerechte Förderung. In dünn besiedelten Regionen und in peripher gelegenen Stadtteilen könne ein Verbund verschiedener Schulformen eine komplette Schulversorgung kleinräumig und wohnortnah sichern.

Zum Weiterlesen:

Arbeitsgruppe Bildungsbericht am Max-Planck-Institut für Bildungsforschung: Das Bildungswesen in der Bundesrepublik Deutschland. Strukturen und Entwicklungen im Überblick. Vollständig überarbeitete und erweiterte Neuausgabe. Reinbek 1994.

Arbeitsgruppe Entwicklung des Bildungswesens der Deutschen Gesellschaft für Erziehungswissenschaft. Strukturprobleme, Disparitäten, Grundbildung in der Sekundarstufe I, herausgegeben von P. Zedler. Weinheim 1992.

Bronder, D.J./Ipfling, H.-J./Zenke, K.G. (Hrsg.): Handbuch Hauptschulbildungsgang. Bad Heilbrunn 1998.

Liebau, E./Mack, W./Scheilke, C. (Hrsg.): Das Gymnasium. Weinheim und München 1997.

Melzer, W./Sandfuchs, U. (Hrsg.): Schulreform in der Mitte der 90er Jahre. Opladen 1996.

Messner, R./Wicke, E./Bosse, D. (Hrsg.): Die Zukunft der gymnasialen Oberstufe. Weinheim und Basel 1998.

Michael, B./Schepp, H.-H.: Die Schule in Staat und Gesellschaft. Dokumente zur deutschen Schulgeschichte im 19. und 20. Jahrhundert. Göttingen/Zürich 1993.

Rekus, J./Hintz, D./Ladenthin, V.: Die Hauptschule. Alltag, Reform, Geschichte, Theorie. Weinheim/München 1998.

Rekus, J. (Hrsg.): Die Realschule. Weinheim und München 1999.

Rösner, E.: Das Schulsystem in Deutschland. Hamburg 1999.

Einführung in die Allgemeine Didaktik

Didaktik beschäftigt sich mit Lehr- und Lernprozessen und mit Fragen der Vermittlung von Lerninhalten und mit selbsttätigen Aneignungsprozessen. In diesem Kapitel möchte ich kurz auf den Begriff »Didaktik« eingehen. Ich setze mich mit der didaktischen Diskussion in der Bundesrepublik Deutschland auseinander, stelle Überlegungen einer geisteswissenschaftlichen Didaktik und ein ausgewähltes didaktisches Modell vor und gehe abschließend auf Unterrichtsstörungen als Thema in didaktischen Modellen ein.

Was ist Didaktik?

Die Didaktik befasst sich mit der Fragestellung, wer, was, mit wem, warum und wozu, wo, wann, wie und womit lernen soll (vgl. Jank/ Meyer 1991, S. 16).

- Beim Nachdenken darüber, *wer* etwas lernen soll, geht es um die Frage, für welche Menschen Unterricht geplant werden soll. Gefragt wird nach den Lernvoraussetzungen und dem Vorwissen, an das es anzuknüpfen gilt.
- Bei der Frage, *was* gelernt werden soll, werden die Stoffe oder Inhalte des Unterrichts erörtert. Die Inhalte werden u.a. unter der Fragestellung ausgesucht, was für welche Lerngruppe als sinnvoll erscheint.
- Unter dem Aspekt, *mit wem* gelernt werden soll, wird erörtert, ob Lernende allein oder in Gruppen homogen oder heterogen unterrichtet werden.
- Bei der Frage, *warum* etwas gelernt werden soll, werden Begründungskontexte für Ziele und Themen des Unterrichts entfaltet.

- Unter dem Gesichtspunkt, *wozu* etwas gelernt werden soll, werden zu erwerbende Denk, Sprach- und Handlungskompetenzen der Lernenden diskutiert.
- Bei der Frage, *wo* etwas gelernt werden soll, wird nach den organisatorischen Kontexten gefragt. Gelernt werden kann im Kindergarten, in der Grundschule, Sekundarstufe I oder II, in berufs- oder allgemein bildenen Schulen, in Fachhochschulen oder Universitäten oder in Betrieben.
- Die Überlegung, *wann* etwas gelernt werden soll, zielt auf das Alter der Lernenden. Darüber hinaus geht es um Gesichtspunkte zur Verteilung des Stoffs auf die Schuljahre, auf die Gestaltung des Zeitplans im Rahmen eines Schuljahres resp. Schulhalbjahres, Monats bzw. einer Schulwoche.
- Die Frage, *wie* gelernt werden soll, fragt nach den Methoden der Gestaltung des Unterrichts.
- Unter dem Gesichtspunkt, *womit* gelernt werden soll, werden die Lern- und Lehrmittel (Unterrichtsmedien) erörtert, die im Unterricht eingesetzt werden.

»Gegenstand der Didaktik sind alle Vorgänge des absichtsvoll herbeigeführten Lehrens und Lernens, die langfristig und im Rahmen eines Plans angelegt sind. In den Interessenbereich der Didaktik gehörendes Lehren und Lernen ist eng mit der Langfristigkeit, Planmäßigkeit und Systematik des Unterrichts der Schule oder schulähnlicher Einrichtungen verknüpft.« (von Martial 1996, S. 9)

Der Aufschwung des didaktischen Denkens ging mit der staatlichen Organisation des Schulwesens einher. Didaktisches Denken bezieht sich auf staatlich organisierten Unterricht und folgt in seiner Entwicklung dem Ausbau des Schul- und Hochschulwesens.

Teilgebiete der Didaktik

Die *Allgemeine Didaktik* erörtert allgemeine Überlegungen zum Lehren und Lernen und fasst diese (z.B. in Modellen der Didaktik) zusammen. Didaktische Überlegungen werden für verschiedene

Lernende konkretisiert, z.B. bezogen auf das *Lebensalter* (Erwachsenenbildung; Hochschuldidaktik) oder auf verschiedene Lernergruppen, z.B. auf Kinder und Jugendliche, die als »schwierig« oder »verhaltensgestört« etikettiert werden (vgl. Hillenbrand 1999). Für den schulischen Bereich gibt es neben der Allgemeinen Didaktik die verschiedenen *Fachdidaktiken*, in denen es darum geht, Ziel-, Auswahl- und Methodenfragen für je ein Unterrichtsfach zu erörtern. In *Stufendidaktiken* werden Überlegungen für das Lernen von Kindern und Jugendlichen eines bestimmten Alters in einer bestimmten Stufe der Schule erörtert (Didaktik der Grundschule, Didaktik der gymnasialen Oberstufe). Daneben gibt es Ansätze, die verschiedenen Schulformen im Sekundarbereich I (Hauptschule, Realschule) durch eigenständige didaktische Konzeptionen zu begründen und abzusichern (*Schulformdidaktiken*). In *Bereichsdidaktiken* geht es darum, neue Lernbereiche sinnvoll zu begründen, in denen fächerübergreifendes Lernen geschehen soll (Didaktik der Umweltbildung, der Sexualerziehung, der Friedenserziehung).

Fachdidaktische Theoriebildung

Fachdidaktische Theoriebildung fragt nach fachwissenschaftlichen Inhalten unter dem Gesichtspunkt ihrer Lehrbarkeit. Sie nimmt Bezug auf die Inhalte einer Wissenschaftsdisziplin. Die Fachdidaktik vereinigt Fragestellungen der allgemeinen Didaktik, Aspekte der dem jeweiligen Schulfach korrespondierenden Fachwissenschaft(en) und spezielle fachdidaktische Elemente (z.B. Methoden, Medien).

»Eine Fachdidaktik befasst sich (…) mit folgenden Aufgaben:
- *Ermittlung und Bestimmung der möglichen Inhalte eines Faches*
- *Ermittlung und Bestimmung der möglichen Lernziele*
- *Begründung der Bildungsrelevanz der Inhalte und Entscheidung über die Lernziele*
- *Ermittlung von Methoden und Medien, die zur Realisierung der fachlichen Ziele geeignet sind*

- *Sammlung und Darstellung der personalen und soziokulturellen Bedingungen des Fachunterrichts*
- *Entwicklung fachspezifischer Standards für die Ermittlung und Bewertung wie für die Dokumentation von schulischer Leistung*
- *Entwicklung fachspezifischer Lehrpläne.«* (von Martial 1996, S. 17)

Unter Fachdidaktiken werden die Didaktiken der einzelnen Schulfächer verstanden. Sie werden für die verschiedenen Schulstufen und Schulformen konkretisiert.

Ausgewählte Aspekte der didaktischen Diskussion in der Bundesrepublik Deutschland

Man kann die *Geschichte des didaktischen Denkens* von der *Geschichte der Teildisziplin Didaktik* unterscheiden.

»Theoretisches und praxisorientiertes didaktisches Denken finden sich in der abendländischen Kultur bereits recht früh. Eine selbstständige Disziplin Didaktik ist dagegen relativ spät, nämlich zu Beginn des 17. Jahrhunderts entstanden. Aus dieser Zeit stammt auch der Begriff Didaktik.« (von Martial 1996, S. 39)

Hier kann die Geschichte des didaktischen Denkens nicht nachgezeichnet werden (vgl. dazu Aschersleben 1983; Kron 1994; von Martial 1996, S. 40ff.). Ich möchte daher nur kurz auf die didaktische Diskussion in der Bundesrepublik eingehen. Nach 1945 wird der Begriff »Didaktik« mit dem der »Unterrichtslehre« gleichgesetzt. Unterrichtslehre begreift sich als praktische (im Gegensatz zur wissenschaftlichen) Pädagogik (vgl. Stöcker [1960]). Daneben gibt es Überlegungen aus geisteswissenschaftlicher Perspektive.

Erich Weniger (1894–1961) formuliert in seiner Schrift »Didaktik als Bildungslehre. Theorie der Bildungsinhalte und des Lehrplans« (1952) Grundanliegen einer geisteswissenschaftlichen Didaktik. Diese nehme ihren Ausgang von der Gegebenheit des Lehrgefüges, von der Bildungssituation, wie sie in der Erziehungswirklichkeit vorgefunden werde. In der bildenden Begegnung zwischen den Generationen vollziehe sich der Fortgang und Wandel der geschichtlichen Welt. Als Mächte des Lebens und der Bildung begreift Weniger Staat und Kirche, Wirtschaft und Gesellschaft, Kunst und Wissenschaft, Recht und Sitte. Er betont, dass sich das Lehrgefüge im Zusammenhang der geistigen und gesellschaftlichen Entwicklung wandele und vertritt die These von der Geschichtlichkeit des Gegenstandes der Didaktik (1963, S. 6ff.).

> *»Es handelt sich bei dieser neuen Didaktik (…) um die Entdeckung des Gefüges des Lebens im Bildungsvorgang selbst, um die Struktur der Bildungswirklichkeit (…).«* (Weniger 1963, S. 16)

Nach Weniger besteht die Aufgabe des Lehrplans darin, die Bildungsziele festzulegen und eine Auswahl und Konzentration der Unterrichtsstoffe oder besser der Bildungsinhalte vorzunehmen (1963, S. 22). Der Lehrplan müsse den Anspruch der Wissenschaft, den schulischen Fachunterricht rein propädeutisch auszurichten, begrenzen. Die Ordnung stelle sich über das Bildungsideal einer Zeit her, wobei der Staat zum Träger des Lehrplans und zu einem regulierenden Faktor werde. Weniger unterscheidet verschiedene Linien bei der Reflexion über Bildungsinhalte, nämlich eine »Theorie der Bildsamkeit«, eine »Theorie der Bildungsgüter« und eine »Theorie der Bildungswerte« (1963, S. 46) und plädiert für »lebendige Freiheit« auf dem Felde der Erziehung.

> *»Der Staat ist sich in der Schule gleichsam zweimal gegeben: einmal als Macht neben anderen Mächten, die um Wirkung und Nachwuchs ringen (…). Zugleich ist er als Erziehungsstaat die Schule selbst und diese eigentümliche Ordnung der Bildungsvorgänge (…) Aber das im Lehrplan lediglich begrifflich, in der Bildungsorganisation institutionell Ausgedrückte bedarf des Erziehers, um lebendig zu werden, und so richten sich die Lehrpläne in erster Linie an den Lehrer, sie umschreiben den geistigen Besitz, den der Staat von seinen Lehrern verlangen muss (…).«* (Weniger 1963, S. 62f.)

Weniger unterscheidet verschiedene Schichten des Lehrplans. Als erste benennt er den Staat und die Bildungsmächte, ausgedrückt im Bildungsideal. Der angegebene Stoff sei nur ein Mittel, um die »geistigen Kräfte und Gehalte«, auf die es ankomme, auszudrücken. Die geistigen Grundrichtungen bilden die zweite Schicht des Lehrplans. Hier ginge es um die Erinnerung und die »Aufklärung über das gelebte Leben« (Grundtvig; unterrichtstechnisch um die »Kunde«, Weniger 1963, S. 79). Kenntnisse und Fertigkeiten bilden die dritte Schicht des Lehrplans. Zielten die ersten beiden Schichten auf Gesinnung und Haltung, so richte sich die dritte auf Schulung, Gewöhnung und Stoffbeherrschung.

Modelle der Didaktik

Die eher sozialwissenschaftliche als geforderte *realistische Wende* in der Erziehungswissenschaft, in der Schulpädagogik und der Allgemeinen Didaktik bewirkte einen Aufschwung in der Konzeption und Diskussion verschiedener didaktischer Modelle.

Die Erfassung von Unterricht geschieht oftmals durch die Bildung *didaktischer Modelle*. Modelle werden zum Zweck der Gewinnung neuer Erkenntnisse gebildet; ihnen kommt eine heuristische Funktion zu. Sie eröffnen spezifische Problemhorizonte, thematisieren neue Fragestellungen, verweisen auf mögliche Erklärungsansätze und geben Hinweise auf geeignete Verfahren und Lösungstechniken. Sie sind theorievorbereitende Instrumente. Didaktische Modelle sind Denkmodelle. Als Vorstufen zu Theorien haben sie die Aufgabe, Orientierungs- und Strukturierungshilfen der komplexen Unterrichtswirklichkeit zu geben (vgl. Aschersleben 1983, S. 62ff.; von Martial 1996, S. 139ff.). Die Verwendung des Modellbegriffs bringt »eine gewisse Unabgeschlossenheit, Offenheit, Aspekthaftigkeit oder auch eine zeitlich begrenzte Geltung und Vorläufigkeit der Theorienbildung zum Ausdruck« (von Martial 1996, S. 123). Im Anschluss an Walter Popp (1972, S. 53ff.) sind folgende Merkmale eines didaktischen Modells zu nennen:

»1. Reduktion. *Im Modell wird ein kompliziertes, undurchschaubares Gefüge reduziert auf einige wenige bedeutsame Merkmale und Grundstrukturen, die gerade durch die Reduktion erst sichtbar hervortreten und wissenschaftlicher Untersuchung zugänglich werden.* (…)
2. Akzentuierung. *Das Modell akzentuiert bestimmte Bezüge, Faktoren, Funktionen, Gesetzlichkeiten.* (…)
3. Transparenz. *Durch Reduktion und Akzentuierung entsteht eine hohe Transparenz des komplexen und dadurch weitgehend undurchsichtigen didaktischen Feldes.* (…)
4. Perspektivität. *Die einseitige Hervorhebung und Steigerung bestimmter Strukturmerkmale erzeugt eine spezifische Sichtweise und verdeutlicht bei kritischer Handhabung die Möglichkeit und Notwendigkeit anderer Sichtweisen desselben Beziehungsgefüges, das schließlich nur über verschiedene miteinander korrespondierende Sichtweisen zu erfassen ist.*
5. Produktivität. *In der Herausforderung zur Ausbildung anderer konkurrierender Sichtweisen und Modelle, anderer und immer neuer Perspektiven der Erkenntnis liegt die eigentliche Produktivität des Modells, die allerdings verspielt wird, wenn das Modell realistisch verstanden wird.* (…) *Der Prozess der Theoriebildung vollzieht sich in einem Zirkel gedachter Wirklichkeiten, der uns immer wieder neu provoziert, das gedachte ›Gegebene‹ in immer neuen Modellen neu zu problematisieren, zu verdeutlichen, zu erklären.*«

Modelle ermöglichen es,

- in die Komplexität des Unterrichts Übersicht und Ordnung durch Reduktion auf wesentliche Aspekte zu bringen,
- Rationalität im Unterrichtsgeschehen stärker zu eröffnen, als dies durch Unterrichtsrezepte möglich wäre,
- Grundlagen für Unterrichtsbeobachtung und Unterrichtsforschung zu legen,
- Hilfen für Planung und Analyse von Unterricht zu gewähren.

Didaktische Modelle sind sowohl Entwürfe als auch Abbilder und Rekonstruktionen der Unterrichtswirklichkeit. Die allgemeindidaktischen Modelle haben verschiedene Funktionen. Einige seien genannt: Die *theoretische Funktion* umfasst die Beschreibung und Erkenntnis des Unterrichts und seiner Teilbereiche sowie die Ermittlung von Normen, die dabei relevant sind. Die *Handlungsfunktion* besteht darin, Hilfen für unterrichtliches Handeln bereitzustellen. Dabei geht es z.b. um Hilfen für Prognosen über die Wirkung isolierter unterrichtlicher Maßnahmen. Die *Analysefunktion* umfasst die Bereitstellung von Kategorien für die Analyse des Unterrichts. Dabei kann sowohl an die den Unterricht vorbereitende wie an die ihn nachbereitende Analyse gedacht werden. Die *Planungsfunktion* meint solche Tätigkeiten, die eine gedankliche Konstruktion von Unterricht implizieren. Das Entfalten von Kriterien für das Treffen und Begründen didaktischer Entscheidungen wird mit der *Entscheidungsfunktion* angesprochen. Die *Forschungsfunktion* eines didaktischen Modells zielt darauf, Perspektiven für die Unterrichtsforschung zu entfalten (vgl. Popp 1972; Aschersleben 1983; von Martial 1996).

Es entsteht eine Vielzahl didaktischer Modelle, auf die hier nicht umfassend eingegangen werden kann. Hier soll nur ein Modell vorgestellt werden.

Die bildungstheoretische Didaktik

Für Wolfgang Klafki hat die Unterrichtsvorbereitung einen zentralen Stellenwert.

»Sie ist der Ort, an dem das für alle Erziehung grundlegende Verhältnis der Wechselwirkung von Theorie und Praxis, das Zusammenspiel von Erfahrung und Besinnung ausgetragen werden muss. Jede gute Vorbereitung auf eine Unterrichtsstunde (…) ist ebenso sehr ein (…) neuer geistiger Vorentwurf wie das Ergebnis früherer Unterrichtserfahrung.« (Klafki 1969, S. 5)

Für Klafki kommt es darauf an, dass sich die Lehrkraft bei der Vorbereitung mit verschiedenen Möglichkeiten auseinander setzt, wie es zur »fruchtbaren Begegnung bestimmter Kinder mit bestimmten Bildungsinhalten« kommen könne. Dazu müsse sie sich mit den

»Sachen«, den »Stoffen« und »Themen« des Lehrplans so auseinander setzen, dass deren Bildungsinhalte in der praktischen Schularbeit zur Geltung gebracht würden.

»Der erste Schritt der Unterrichtsvorbereitung ist das Eindringen in die Bildungsinhalte. Der Praktiker muss die in den Lehrplaninhalten verborgene pädagogische Vorentscheidung der Lehrplangestalter gleichsam noch einmal nachvollziehen.« (Klafki 1969, S. 8)

Der Grundgedanke von Wolfgang Klafkis Aufsatz »Didaktische Analyse als Kern der Unterrichtsvorbereitung« (1958) liegt darin, als wichtigsten Schritt der Unterrichtsvorbereitung das Heben des Bildungsgehalts der Lehrgegenstände zu begreifen. Klafki knüpft mit diesen Überlegungen an Otto Willmanns »Didaktik als Bildungslehre« (1882) und Georg Kerschensteiners »Theorie der Bildung« (1926) an. Gegenüber deren Objektivismus geht er mit H. Nohl und E. Weniger jedoch davon aus,

»dass eine doppelte Relativität für das Wesen der Bildungsinhalte bzw. ihrer Bildungsgehalte oder Bildungswerte geradezu konstitutiv ist: Was ein Bildungsinhalt sei oder worin sein Bildungsgehalt oder Bildungswert liege, das kann erstens nur im Blick auf bestimmte Kinder und Jugendliche gesagt werden, die gebildet werden sollen, und zweitens nur im Blick auf eine bestimmte, geschichtlich-geistige Situation, mit der ihr zugehörigen Vergangenheit und der vor ihr sich öffnenden Zukunft.« (Klafki 1969, S. 11f.)

Kernstück der Anleitung zur didaktischen Analyse sind fünf Fragen mit dazugehörenden Unterfragen:

»I. Welchen größeren bzw. welchen allgemeinen Sinn- oder Sachzusammenhang vertritt und erschließt dieser Inhalt? Welches Urphänomen oder Grundprinzip, welches Gesetz, Kriterium, Problem, welche Methode, Technik oder Haltung lässt sich in der Auseinandersetzung mit ihm ›exemplarisch‹ erfassen? (…)
1. Wofür soll das geplante Thema exemplarisch, repräsentativ, typisch sein? (…)

2. Wo lässt sich das an diesem Thema zu Gewinnende als Ganzes oder in einzelnen Elementen – Einsichten, Vorstellungen, Wertbegriffen, Arbeitsmethoden, Techniken – später als Moment fruchtbar machen? (...)

II. Welche Bedeutung hat der betreffende Inhalt bzw. die an diesem Thema zu gewinnende Erfahrung, Erkenntnis, Fähigkeit oder Fertigkeit bereits im geistigen Leben der Kinder meiner Klasse, welche Bedeutung sollte er – vom pädagogischen Gesichtspunkt aus gesehen – haben? (...)

III. Worin liegt die Bedeutung des Themas für die Zukunft der Kinder?

IV. Welches ist die Struktur des (durch die Fragen I und II und III in die spezifisch pädagogische Sicht gerückten) Inhaltes? (...)

1. Welches sind die einzelnen Momente des Inhaltes als eines Sinnzusammenhanges? (...)

2. In welchem Sinnzusammenhang stehen diese einzelnen Momente? (...)

3. Ist der betreffende Inhalt geschichtet? Hat er verschiedene Sinn- und Bedeutungsschichten? (...)

4. In welchem größeren sachlichen Zusammenhang steht dieser Inhalt? Was muss sachlich vorausgegangen sein? (...)

5. Welche Eigentümlichkeiten des Inhaltes werden den Kindern den Zugang zur Sache vermutlich schwer machen? (...)

6. Was hat als notwendiger, festzuhaltender Wissensbesitz (›Mindestwissen‹) zu gelten, wenn der im Vorangegangenen bestimmte Bildungsinhalt als angeeignet, als ›lebendiger‹, ›arbeitender‹ geistiger Besitz gelten soll? (...)

V. Welches sind die besonderen Fälle, Phänomene, Situationen, Versuche, in oder an denen die Struktur des jeweiligen Inhaltes den Kindern dieser Bildungsstufe, dieser Klasse interessant, fragwürdig, zugänglich, begreiflich, ›anschaulich‹ werden kann? (...)

1. Welche Sachverhalte, Phänomene, Situationen, Versuche, Kontroversen usw., m.a.W.: ›Anschauungen‹ sind geeignet, die auf das Wesen des jeweiligen Inhaltes, auf seine Struktur gerichtete Fragestellung in den Kindern zu erwecken, jene Fragestellung, die gleichsam den Motor des Unterrichtsverlaufes darstellen muss? (...)

2. Welche Anschauungen, Hinweise, Situationen, Beobachtungen, Erzählungen, Versuche, Modelle usw. sind geeignet, den Kindern dazu zu verhelfen, möglichst selbstständig die auf das Wesentliche der Sache, des Problems gerichtete Fragestellung zu beantworten? (…)

3. Welche Situationen und Aufgaben sind geeignet, das am exemplarischen Beispiel, am elementaren ›Fall‹ erfasste Prinzip einer Sache, die Struktur eines Inhaltes fruchtbar werden, in der Anwendung sich bewähren und damit üben (– immanent wiederholen –) zu lassen? (…).« (Klafki 1969, S. 15ff.)

An die didaktische Analyse schließt sich die methodische Vorbereitung an. Diese umfasst folgende Aspekte (vgl. Klafki 1969, S. 23):

- die Gliederung des Unterrichts in Abschnitte oder Phasen oder Stufen,
- die Wahl der Unterrichts-, Arbeits-, Spiel-, Übungs-, Wiederholungsformen,
- der Einsatz von Hilfsmitteln (Lehr- und Lern- bzw. Arbeitsmitteln),
- die Sicherung der organisatorischen Voraussetzungen des Unterrichts.

In der ursprünglichen Fassung der bildungstheoretischen Didaktik wird vom Primat des didaktischen Denkens gegenüber der Methodik ausgegangen. Über die Wahl geeigneter Unterrichtsmethoden könne erst entschieden werden, wenn die Ziele festgelegt seien. Klafki hat auf dem Hintergrund einer Auseinandersetzung mit anderen Didaktikern seine Konzeption weiterentwickelt. Die bildungstheoretische Didaktik im Rahmen kritisch-konstruktiver Erziehungswissenschaft (auch »kritisch-konstruktive Didaktik« genannt) beschränkt ihren Gegenstandsbereich nicht mehr allein auf Ziele und Inhalte des Unterrichts; es werden auch Methoden und Medien sowie anthropogene und sozialkulturelle Voraussetzungen didaktischer Entscheidungen betrachtet (vgl. Klafki 1987b, S. 14). Die veränderte Konzeption geht ebenfalls vom Primat der Zielentscheidungen aus. Das bedeutet, dass die Begründung von Entscheidungen über Themen, Methoden, Medien sowie die Berücksichtigung anderer Probleme und institutioneller Bedingungen von den Zielsetzungen des Unterrichts her erfolgen soll. Auf dieser Grundlage hat Klafki sein (vorläufiges) Perspektivenschema zur Unterrichtsplanung vorgelegt. Er schlägt zunächst eine Bedingungsanalyse vor, die die Analyse der konkreten, soziokulturell vermittelten Ausgangsbedingungen einer Lerngruppe, eines Kurses oder einer Schulklasse sowie die unterrichtsrelevanten institutionellen Bedingungen einschließlich möglicher oder wahrscheinlicher Schwierigkeiten erfasst. Die Unterrichtsplanung geschieht in vier großen Schritten:

1) Darlegung des Begründungszusammenhangs,
2) thematische Strukturierung,
3) Bestimmung von Zugangs- und Darstellungsmöglichkeiten,
4) methodische Strukturierung.

Der *Begründungszusammenhang* (1) umfasst drei Fragenstellungen. Klafki fordert die Lehrkräfte auf, Fragen nach der Gegenwarts- und Zukunftsbedeutung einer ins Auge gefassten Thematik zu stellen und sich die exemplarische Bedeutung eines Themas zu vergegenwärtigen.

»Am potenziellen Thema müssen sich allgemeinere Zusammenhänge, Beziehungen, Gesetzmäßigkeiten, Strukturen, Widersprüche, Handlungsmöglichkeiten erarbeiten lassen. Sprachlich lässt sich die jeweilige Intention bzw. lassen sich die Intentionen als Lernziele einer bestimmten Unterrichtseinheit, eines Projektes oder einer Lehrgangssequenz formulieren: Welches ist das bzw. welches sind die allgemeineren und die spezielleren Lernziele, die anhand eines als mögliches Unterrichtsthema zu durchdenkenden Inhalts angestrebt werden können bzw. sollen?« (Klafki 1987b, S. 17)

Die Frage nach der *thematischen Struktur* (2) wird durch Teilfragen näher bestimmt, die schon in der alten Fassung der didaktischen Analyse enthalten waren. Unter »thematische Strukturierung« fasst Klafki Verfahrensweisen und plädiert dafür, Methoden unter Berücksichtigung inhaltlicher Bezüge zu erarbeiten. Eine weitere Frage richtet sich auf die Erweisbarkeit und Überprüfbarkeit eines erfolgreich vollzogenen Aneignungs- bzw. Auseinandersetzungsprozesses:

>*»Wie, an welchen erworbenen Fähigkeiten, welchen Erkenntnissen, welchen Handlungsformen, welchen ›Leistungen‹ (…) soll sich zeigen und soll beurteilt werden, ob die angestrebten Lernprozesse bzw. Zwischenschritte als erfolgreich gelten können?«* (Klafki 1987, S. 21)

Die nächste Frage (3) zielt auf die Zugangs- und *Darstellungsmöglichkeiten* einer Thematik bzw. ihrer Teilzusammenhänge.

>*»Zugänge können z.b. über konkrete Handlungen, Spiele, Erkundungen, Rekonstruktionen oder Konstruktionen oder durch Darstellung bzw. Verfremdung in Medien – Bildern, Modellen, Collagen, Filmen usw. – gewonnen werden.«* (Klafki 1987b, S. 22)

Beim letzten Schwerpunkt (*methodische Strukturierung*) geht es um die Lehr-Lern-Prozessstruktur (4). Hier handelt es sich um eine sukzessive Abfolge des Lehr-Lern-Prozesses bzw. um alternative Möglichkeiten solcher Abfolgen.

>*»Methoden des Lehrens und Lernens müssen hier nicht nur als der jeweiligen Thematik dienende Lernformen und Lehrhilfen, sondern auch in ihrer Funktion als Anreger und Vermittler (oder auch als Begrenzungen) sozialer Lernprozesse durchdacht und für den gezielten Einsatz im Unterricht vorgesehen werden.«* (Klafki 1987b, S. 23f.)

Klafki schlägt eine Besinnung über die institutionellen Bedingungen des Unterrichts vor, einschließlich der Frage, »wieweit gegebene Bedingungen zum Zwecke der Durchführung des geplanten Unterrichts verändert werden können« (Klafki 1987b, S. 22).

Unterrichtsstörungen in didaktischen Modellen

Es kann hier kein Überblick über die Vielzahl der Modelle didaktischen Denkens gegeben werden (vgl. dazu Jank/Meyer 1991; Kron 1994; von Martial 1996). Ich möchte kurz auf einige Unterrichtsstörungen als Thema in didaktischen Modellen eingehen. Rainer Winkel (1986) möchte gestörte, widersprüchliche und geheime Unterrichtsprozesse in den Blick nehmen. Er analysiert die unterrichtlichen Strukturen unter vier Aspekten:

- Vermittlungsaspekt,
- Inhaltsaspekt,
- Beziehungsaspekt und
- störfaktorialer Aspekt.

In seiner *kritisch-kommunikativen Didaktik* geht es um Interaktion und Kommunikation, um die Gestaltung von Beziehungen, um Partizipationsmöglichkeiten der Schülerinnen und Schüler, um Gefühle und Körperlichkeit und nicht zuletzt auch um den Umgang mit Unterrichtsstörungen. Von Unterrichtsstörungen soll gesprochen werden,

»*wenn der Unterricht (das Lehren und Lernen also) gestört wird, wenn der schulisch-unterrichtliche Kommunikationsprozess stockt, endet, außer Kontrolle gerät, wenn es unerträglich, inhuman, sinnlos und schädigend wird. Und bei einer solchen Definition* (von Unterrichtsstörungen, H.K.) *müssen sich alle am Kommunikationsprozess Beteiligten kritische (Rück-)Fragen gefallen lassen, denn niemand verfügt über, aber alle partizipieren am Prozess des Lehrens und Lernens, der prinzipiell auf allen drei Ebenen (der Inhaltlichkeit, der Beziehungen und Vermittlungen) störanfällig ist.*« (Winkel 1986, S. 99)

Störungen wurden unter dem Stichwort *Disziplin* und Einsatz von *Erziehungmitteln* (wie Lob, Belohnung, Tadel, Strafe, Gewähren, Liebesentzug, Gewöhnung, Gespräch, Übung, Vorbild sein, Beratung, Ermutigung, Ermunterung, Ermahnung, Erinnerung,

Schweigen) in der schulpädagogischen Diskussion behandelt. Unter *Disziplin* wird ein angemessenes Verhalten verstanden, das den schulischen Bemühungen förderlich ist. In der Regel werden *Fremddisziplin* und *Selbstdisziplin* unterschieden. Bei der *Fremddisziplin* wird die Ordnung von außen gesetzt; das Einfügen der Schülerinnen und Schüler erfolgt freiwillig oder erzwungen. Bei der *Selbstdisziplin* werden Grundsätze für das Verhalten gesetzt und befolgt. Mit *äußerer Disziplin* bezeichnet man die Richtung auf Umwelt und soziales Leben, mit *innerer Disziplin* das Festhalten an einer Ordnung der Gedanken und Strebungen. Disziplin wird hergestellt durch eine Gewöhnung der Kinder und Jugendlichen an bestimmte Rollenerwartungen, durch Grenzsetzungen, durch die Begründung einer Ordnung und der in ihr gültigen Verhaltensvorschriften und durch die Gewöhnung einer Gruppe an die Einhaltung der geltenden Verhaltensvorschriften durch das Vorbild der Erzieherperson und durch ständiges Üben (vgl. Meyer-Willner 1994). Disziplin als schulpädagogisches Thema fand sich im Kontext von Erziehungsvorstellungen, die von der Notwendigkeit der Belehrung und Züchtigung des Kindes und seiner Unterwerfung unter den Willen des Erwachsenen und von der Notwendigkeit kindlichen Gehorsams ausgingen. Im Kontext einer emanzipatorischen oder wenigstens demokratischen Pädagogik wurde das Ziel der Mündigkeit und Autonomie des Zöglings formuliert und auf die Selbstregulierung des Kindes (Emanzipationspädagogik) oder auf den weitgehend gleichberechtigten Dialog zwischen Erwachsenen und Kindern bzw. Jugendlichen gesetzt. Daher wurden Fragen der Unterrichtsdisziplin als schulpädagogisches Thema nebensächlich; in vielen didaktischen Modellen sind Unterrichtsstörungen konzeptionell nicht bedacht (vgl. Benikowski 1995).

In der Schule wird ein Diskurs über »Störungen« geführt, z.B. über Lärm und über unerwünschte Verhaltensweisen von Schüler/innen wie

»ungeduldiges Verhalten, maulen, quengeln, die Mitschüler stören und behindern, ›unangebrachtes Lachen‹, verspotten, nachäffen; Unaufmerksamkeit, provokatives ›Schlafen‹, dösen; Beschäftigung mit unterrichtsfremden Dingen, z.B. lesen von Comics, malen, Ab-

lenken anderer, nicht zuhören, schwatzen, dazwischenreden; in die Klasse brüllen, singen, ohne dazu aufgefordert zu sein, unsachliche Äußerungen aller Art; Drohungen, tätliches Angreifen und Rache-akte gegenüber Lehrer und Mitschülern; sich isolieren, alles allein machen wollen; sich nicht an Absprachen halten; (...) den Arbeits-platz verlassen oder besteigen usw.« (Günther 1980, S. 141)

Klaus Ulich (1980) zeigt, dass die Alltagstheorien von Lehrerinnen und Lehrern über Unterrichtsstörungen davon bestimmt sind, schulische »Störer« als »gestört« zu identifizieren. »*Wer stört, gilt als gestört.*« Diese Sichtweise werde auch von einem *individuumzentrierten, medizinischen Erklärungsmodell*, aber auch von der *klassischen Verhaltenstherapie* nahe gelegt, deren Maßnahmen darauf zielten, bei den so genannten Störern Verhaltensänderungen zu bewirken, ohne sich darum zu kümmern, warum ein Schüler beispielsweise störe, mogele oder raufe. Es ginge einzig darum, das Schülerverhalten an die gängigen schulischen Normen für den Leistungs- und Disziplinbereich anzupassen und Konformität durch Belehrung und Bestrafung anzutrainieren. Institutionelle Bedingungen kämen nicht in den Blick. Schlügen solche Anpassungsbemühungen fehl, käme es zur Aussonderung der Störer (z.B. durch Überweisung in eine Sonderschule). Dagegen führt der *Labeling-Ansatz* die Typisierung auffälliger Schüler auf den Lehrer zurück. Abweichung erscheint hier als ein vom Lehrer zugeschriebenes Etikett. Jedoch leistet dieser Ansatz keine Erklärung für die Genese der Abweichung z.B. in der Lehrer-Schüler-Interaktion. Nach Ulich (1980) ermöglicht einzig eine Beschreibung von Verhaltensauffälligkeiten als Interaktionsstörungen ein Ausfindigmachen der potenziellen Ursachen im wechselseitigen Wahrnehmen und Verhalten von Lehrern und Schülern.

Die Aussage von Rainer Winkel, dass Unterricht immer auch gestörter Unterricht ist, nimmt die Ebene der Interaktion und Kommunikation, der gegenseitigen Wahrnehmung, der Definition von Verhaltensweisen als Störungen auf. Er zielt auf hermeneutisches Fallverstehen. Lehrerinnen und Lehrer lernen anhand von Fallberichten aus dem Schulalltag (vgl. Winkel 1994). Winkel geht es um die Frage, wie die in Störungen liegenden Dechiffrierungsdaten erkannt und für eine Verbesserung des Unterrichts genutzt werden können. Pädagogische Auseinandersetzungen mit Unterrichtsstörungen suchen nach Wegen, Kinder und Jugendliche und ihr Verhalten zu verstehen, zugleich aber eine angemessene Ordnung in der Schulklasse herzustellen und zu erhalten. Karlheinz Biller unterscheidet vier Dimensionen des Unterrichts, nämlich eine didaktische, eine methodische, eine kommunikative (verbale und nonverbale) und eine interaktive Dimension (Biller 1979, S. 24). Er unterscheidet Störfaktoren unter graduellen Gesichtspunkten (Bagatellstörungen, ernsthafte Störungen, unbehebbare Störungen und unvermeidbare Störungen) und nach deren Verursachung (nach Anlage und Entwicklung, Umwelt, soziale Umgebung und Schule und Lehrer) und entfaltet Möglichkeiten zur Behebung von Unterrichtsstörungen (z.b. durch Pflege von Beziehungen, Entwicklung des Schullebens, Darlegung von Grundwerten, pädagogisches Gespräch, Erneuerung des Unterrichts etc.). Wenn Karlheinz Biller den Akzent auch auf die Vorbeugung, Entspannung und Vermeidung von Eskalationen setzt, so zeigt er ebenfalls Wege, eine Konfliktsituation zu entspannen (vgl. Biller 1979, S. 131ff.). Überlegungen zum gestörten Unterricht werden in einer »Didaktik bei Unterrichts- und Verhaltensstörungen« (Hillenbrand 1999) weitergeführt.

Zum Weiterlesen:
Adl-Amini, B./Künzli, R. (Hrsg.): Didaktische Modelle und Unterrichtsplanung. Weinheim und München 1991.
Gudjons, H./Teske, R./Winkel, R. (Hrsg.): Didaktische Theorien. Hamburg 1986.
Jank, W./Meyer, H.: Didaktische Modelle. Frankfurt/M 1991.
Klafki, W.: Neue Studien zur Bildungstheorie und Didaktik. Weinheim und Basel 1985.
Kron, F.: Grundwissen Didaktik. München, Basel 1994.
Martial, I. von: Einführung in didaktische Modelle. Baltmannsweiler 1996.

Methoden des Lehrens und Lernens

Nach einer Kontroverse über die Bedeutung von Methoden folgt ein Überblick zu den Unterrichtsmethoden und ihrer Einteilung. Ich gehe auf die Artikulation, auf Sozialformen, auf Unterrichtsmedien und Organisationsprinzipien ein und erörtere abschließend Chancen und Probleme freier Arbeit.

Kontroversen über die Bedeutung von Methoden

Eine Diskussion um Methoden des Unterrichts und deren Wichtigkeit findet sich oft im Kontext schulkritischer Strömungen. Reformpädagogisch inspirierte methodische Überlegungen (vgl. Geißler 1952) zielten nicht nur auf die Aktivierung der Schülerinnen und Schüler und auf eine Reform des Unterrichts.

»Sie ziehen (…) Folgerungen für die Gestaltung des Lehrplans nach sich und zwar nicht nur in der Auswahl der Inhalte, sondern auch in ihrer Anordnung (z.B. Epochenunterricht, Projektunterricht, Vorhaben, Erfahrungsbereiche, fächerübergreifender Unterricht). Und (…) sie ziehen eine Veränderung der schulischen Lernorganisation in Betracht (…).« (Schulze 1993, S. 152)

In der »Pädagogik der Unterdrückten« Paulo Freires wird nicht nur die Domestizierung und innere Unterwerfung, der Raub der Sprache und das Entstehen einer »Kultur des Schweigens« beklagt. Freire kritisiert den *Übermittlungsvorgang*, bei dem die Inhalte leblos würden und versteinerten (Freire 1996, S. 57). Der herkömmlichen Übermittlungsmethode, die Freire mit »Bankiers-Erziehung« betitelt, stellt er eine problemformulierende Methode im Rahmen befreiender Bildungsarbeit entgegen.

Bankierserziehung	Problemformulierende Bildung
Durch eine Übermittlung von Inhalten vom Lehrer an die Schüler werden diese zu »Containern«, die von ihm gefüllt werden müssen. »So wird Erziehung zu einem Akt der ›Spareinlage‹, wobei die Schüler das ›Anlage-Objekt‹ sind, der Lehrer aber der ›Anleger‹. Statt zu kommunizieren, (…) macht er Einlagen, die die Schüler geduldig entgegennehmen, auswendig lernen und wiederholen.« (Freire 1996, S. 57)	»Befreiende Erziehungsarbeit besteht in Aktionen der Erkenntnis, nicht in der Übermittlung von Informationen. Sie ist eine Lernsituation, in der das erkennbare Objekt (…) die erkennenden Akteure vermittelt – den Lehrer einerseits und die Schüler andererseits. Dementsprechend bringt es die Praxis einer problemformulierenden Bildungsarbeit von allem Anfang an mit sich, dass der Lehrer-Schüler-Widerspruch aufgelöst wird. Dialogische Beziehungen (…) sind sonst ausgeschlossen.« (Freire 1996, S. 64)
Lernen geschieht durch Unterweisung. Der Lehrer lehrt und die Schüler lernen.	Der Dialog ist unerläßlich für den Erkenntnisakt. Dabei werden Lehrer zu Lehrer-Schülern und Schüler zu Schüler-Lehrern. Beide treten in einen wechselseitigen Prozess gegenseitigen Lehrens/Belehrens und Lernens ein. Sie werden miteinander für einen Prozess verantwortlich, in dem alle wachsen.
»Das Bankiers-Konzept (…) unterscheidet zwei Stufen im Handeln des Erziehers. Auf der ersten Stufe erkennt er ein Erkenntnisobjekt, während er seine Unterrichtsstunden in seinem Arbeitszimmer oder Labor vorbereitet. Auf der zweiten Stufe erläutert er seinen Schülern dieses Objekt. Die Schüler werden nicht aufgefordert, zu erkennen, sondern die Inhalte zu lernen, die ihnen vom Lehrer mitgeteilt wurden.« (Freire 1996, S. 65)	Der Pädagoge gestaltet seine Reflexionen beständig in die Reflexion der Schüler um. Sie werden zu kritischen Mitforschern. »Der Lehrer legt das Material den Schülern zu eigenen Überlegungen vor und überlegt seine früheren Überlegungen neu, während die Schüler die ihren formulieren.« (Freire 1996, S. 65)
Die Bankiers-Methode fördert eine Isolation des Bewusstseins von der Welt und domestiziert das Bewusstsein in seiner Intentionalität.	Die problemformulierende Methode setzt auf Kreativität. »Im Gegensatz zur antidialogischen und nichtkommunikativen Art der Bankiers-Methode (…) wird der Programminhalt der problemformulierenden Methode – dialogisch par excellence – konstituiert und organisiert durch die Schau des Schülers von der Welt, in der sich seine generativen Themen finden.« (Freire 1996, S. 91) Die problemformulierende Methode stimuliert Reflexion, zielt auf Aktion und damit auf Emanzipation.
Die Bankiers-Methode fördert eine fatalistische Auffassung des Menschen von seiner Situation.	Die problemformulierende Methode zielt auf die Entwicklung einer objektiven und kritischen Haltung gegenüber der Wirklichkeit.

Nach Freire soll Lehren als Aufwerfen von Fragen, als Provokation zur Selbstbestimmung begriffen werden (1996, S. 64ff.). In der didaktischen Diskussion wird intensiv über Methoden diskutiert (vgl. u.a. Adl-Amini 1993, 1994; Meyer [2]1988, [2]1989; Schulze 1993; Terhart 1989). Diese Diskussion zielt entweder darauf, Schülerinnen und Schüler zur Gestaltung ihres eigenen Lernprozesses zu befähigen (vgl. Klippert 1994) oder Lehrerinnen und Lehrer zu veranlassen, umfassende Methodenkompetenz zu entfalten (vgl. Meyer [2]1988, [2]1989; Peterßen 1999).

In der traditionellen didaktischen Diskussion wird *Methodik als Theorie methodischer Entscheidungen* verstanden. Im Rahmen einer als Strukturtheorie angelegten Theorie des Unterrichts wird dieser – für Analyse und Planung – unter reflexions- und handlungsleitenden Gesichtspunkten in verschiedene Strukturmomente aufgeteilt, wobei die Methodik ein Strukturelement neben anderen bildet. Sie kommt unter dem Gesichtspunkt der Entscheidungen, die Lehrerinnen oder Lehrer bei der Vorbereitung ihres Unterrichts zu treffen haben, in den Blick. Gerade in Didaktiken, die die wechselseitige Abhängigkeit der Strukturmomente im Blick haben, kommt der Methodik ein relativ selbstständiger Status zu. Theodor Schulze unterscheidet zwei Richtungen. Eine *technologische* zielt darauf, die Effektivität einzelner Unterrichtsmethoden für das Erreichen des Lernziels zu erfassen. Eine *klassifikatorische* sucht, die für methodische Entscheidungen bedeutsamen Faktoren vollständig in mehrdimensionalen Matrizes oder in hierarchisch strukturierten Kategoriensystemen zu ordnen. Schulze weist darauf hin, dass dabei die Gefahr besteht, deren Einteilung mit einer produktiven Handhabung zu verwechseln (vgl. Schulze 1993, S. 141).

Das Verständnis von Methoden – verschiedene Positionen

Nach Bijan Adl-Amini werden die gängigen Vorstellungen über die Unterrichtsmethode so systematisiert:

- Eine *erste Vorstellung* begreife die Unterrichtsmethode *als Weg zu einem (bereits feststehenden) Ziel.* Während Ziele und Inhalte feststünden, ziele die methodische Frage auf den effektivsten Weg der Vermittlung. Dabei spiele der Gesichtspunkt der Zeitökonomie eine große Rolle. Methoden des Lehrens (Vermittlungsmethoden) können von solchen des Lernens (Lernmethoden) unterschieden werden. *Vermittlungsmethoden* basieren auf der Perspektive der Lehrkraft, die ihren Unterricht als Lehrveranstaltung mit dem Ziel konzipiert, bei den Schülerinnen und Schülern Lernen zu bewirken. Vermittlungsmethoden sind z.B. der Vortrag, die Demonstration oder der Impuls. *Lernmethoden* zielen auf Möglichkeiten der Gestaltung aktiven Lernens durch die Schülerinnen und Schüler.

- Eine *zweite Vorstellung* begreife Unterrichtsmethoden *als Ziel des Lehr- und Lernprozesses.* Im Mittelpunkt stehe das gemeinsam geplante und organisierte Lernen von Lehrern und Schülern. Dabei habe sich die Unterrichtsmethode »losgelöst von ihrer instrumentellen Abhängigkeit im Weg-Ziel-Konnex und (...) selber Zielcharakter angenommen« (Adl-Amini 1993, S. 95). Als Beispiele nennt Adl-Amini die Projektmethode, das exemplarische Lernen, das entdeckende Lernen und Formen des individuellen Unterrichts. Der Lernweg erscheint als ein Weg des Suchens und Findens, der nicht unter zeitökonomischen Gesichtspunkten in den Blick genommen wird. Die Individualentfaltung durch erlebnishaftes Begreifen, durch eigenes Entdecken, durch selbstständiges Erarbeiten und Vertiefen geschieht aufgrund intrinsischer Motivation und persönlicher Begeisterung.

- Ein *drittes Verständnis* bette die Unterrichtsmethode in eine *Allgemeine Methodik* ein. Diese ziele »auf die Erforschung der allgemeinen Lerngesetze als Voraussetzung für die Entwicklung von Lehrmustern« (Adl-Amini 1993, S. 86). Dabei gehe es um die Frage, was beim Lernen vor sich gehe, d.h., welche psychischen und mentalen Prozesse in Gang gesetzt würden. Die Ergründung der Lerngesetze erscheine als zentrale Aufgabe unterrichtsmethodischer Forschung. Allgemeine Methodik ist in dieser Auffassung »eine anthropologische, psychologische, gehirnphysiologische, tätigkeitsorientierte (...) Ergründung des Lernens im Sinne der Aufdeckung allgemein gültiger Lerngesetze.« (Adl-Amini 1993, S. 86)

Was gehört zu den Unterrichtsmethoden?

Die Unterrichtsmethode umfasst folgende voneinander abhängige Teilbereiche (vgl. Einsiedler 1981, S. 17ff.):

- *Lehr- und Lernverfahren* als bestimmte wiederkehrende Muster wechselseitig aufeinander bezogener Lehr- und Lernhandlungen (-tätigkeiten) zur Organisation der Lernbedingungen und Lernhilfen, um ziel- und sachorientierte Lernprozesse zu ermöglichen bzw. zu unterstützen.

- *Lehr- und Lernstufen*, Lehr- und Lernschritte (Artikulation) als zeitliche Reihenfolge der Lehr- und Lernhandlungen, die dem Lernprozess, der Struktur des Lerngegenstandes und den Voraussetzungen der Lernenden entsprechen.

- *Sozialformen* zur Organisation der sozialen Beziehungen im Lehr-Lern-Prozess (Interaktions- und Kooperationsformen).

Ich unterscheide – mit Wolfgang Einsiedler (1981) – die Lehrverfahren unter dem Aspekt, ob sie vom Lehrenden oder vom Lernenden Aktivität verlangen. Einsiedler (1981) unterscheidet drei Teilklassen.

- Beim *darbietenden Lehrverfahren* ist ein hoher Strukturierungsgrad (durch Lehrervortrag, Lehrerdemonstration oder Vorlesung) gegeben. Ziel ist das Vermitteln von Fakten und Informationen, das Gewähren von Orientierungs- und Überblickswissen, die Hinführung zu einer Problemstellung, das Zusammenfassen von erarbeitetem Wissen oder die Wiederholung von Gelerntem. Es wird viel Information in kürzester Zeit gegeben. Der Lehrende exponiert sich, während sich die Lernenden in Retention üben. Zu den Lehr- und Lernverfahren zählen das Vorlesen, Vortragen, Erzählen, Schildern und Erklären, das Berichten und Beschreiben, das Vormachen oder Vorführen. Die Lernaktivität ist bestimmt vom Lernen am Modell, von rezeptivem Lernen mit dem Ziel des Aufbaus und der Veränderung kognitiver Strukturen.

- Beim *erarbeitenden Lehrverfahren* ist ein mittlerer Strukturierungsgrad gegeben. Wichtiges Merkmal dabei ist die Lehrerfrage, die auf Denk- und Aktivitätsanregung zielt und bei den Lernenden Verständnis durch den Nachvollzug von Zusammenhängen herstellen will.
- Das *entdecken lassende Lehrverfahren* ist durch einen geringen Strukturierungsgrad gekennzeichnet. Die Lernenden sollen – unterstützt durch Hilfestellungen des Lehrers – die Zusammenhänge und Sachstrukturen selbst entdecken.

Aktivierende Verfahren zielen auf die Selbstständigkeit der Lernenden durch selbst gesteuertes Lernen in Einzel-, Partner- oder Gruppenarbeit. Sie fördern problemlösendes Denken und orientieren auf eine Beteiligung der Schülerinnen und Schüler an der Planung, Gestaltung und Bewertung von Lernprozessen. Die Aufgabe der Lehrkraft ist das Organisieren von Lernbedingungen, das Gestalten von Lernsituationen, das Bereitstellen von Materialien, das Anregen von Lernprozessen sowie Lernberatung und Lernhilfe. Die Schülerinnen und Schüler lernen, selbstständig mit Texten, Arbeitsblättern oder Lern- und Studienmaterialien umzugehen. Sie praktizieren entdeckendes, erkundendes und forschendes Lernen. Dazu zählen simulative Verfahren (wie Rollenspiel und Planspiel) oder die Projektmethode. Die Lernaktivitäten bestehen u.a. im problemlösenden Lernen, im Experimentieren, im Durchführen von Erkundungs- und Handlungsprojekten oder z.B. in der Verwendung der Fallmethode.

Während in darbietenden Lehrverfahren die Kommunikationsstruktur weitgehend monologisch ist, ermöglichen *Gesprächsverfahren* einen Dialog. *Lehrgespräche* zeigen ein hohes Maß an direkter Lenkung durch vorstrukturierte Gesprächsphasen; die Lernenden interagieren kaum miteinander. *Gelenkte Unterrichtsgespräche* ermöglichen potenziell ein Mitwirken der Schüler/innen bei der Gestaltung des Gesprächsverlaufs. *Schülergespräche* sind kaum gelenkte Gespräche; die Schülerinnen und Schüler führen weitgehend selbstständig und sach- und problembezogen ein Gespräch. Es kann als *Partner-*, *Kleingruppen-* oder *Klassengespräch* stattfinden. Die Ziele von Gesprächsverfahren liegen im Entwickeln sprachlicher und im Aufbau, Erweitern und Verändern intellektueller Fähigkeiten; in der Fähigkeit, einen Standpunkt zu beziehen, aber auch einen Perspektivenwechsel vorzunehmen. Von der Lehrkraft werden Impulse und Fragestellungen eingebracht, die Schülerinnen und Schüler zu Äußerungen ermutigen und zur Gesprächsbeteiligung anspornen. Die Lehrkraft hört zu und verstärkt Äußerungen; sie greift Schülerbeiträge auf, fasst sie zusammen, führt sie weiter und gibt Formulierungshilfen. Sie stellt Rückfragen, bittet um Konkretisierungen, Erklärungen und Begründungen oder problematisiert ausgewählte Sichtweisen. Sie gewichtet Schüleräußerungen, ordnet sie nach Bedeutsamkeit und fordert zum Weitermachen auf. Außerdem initiiert sie eine Reflexion über das Gesprächsverhalten. Die Lernaktivität der Schülerinnen und Schüler ist vielfältig: Sie zeigt sich beim Melden, zur Sache Sprechen, sich auf andere Beiträge Beziehen, im Sprechen zu den Mitschülerinnen und Mitschülern, im Austausch und Erörtern von Informationen, Einschätzungen, Gedanken und Gefühlen, Erfahrungen und Meinungen, im Erweitern, Umstrukturieren und Festigen von Wissen, im Einnehmen, Darstellen, Durchhalten (oder Modifizieren) eines eigenen Standpunktes, im Kennenlernen anderer Meinungen, Sichtweisen und Überzeugungen, im Perspektivenwechsel, im Klären kontroverser Sachverhalte, Konflikte und Probleme, im Herstellen eines Kompromisses bei Meinungsverschiedenheiten und im Umgang mit Differenz (vgl. auch Kiper 1997).

Ob Unterrichtsmethoden angemessen sind, muss im Hinblick auf bestimmte Ziele und Inhalte, im Blick auf Lernvoraussetzungen und im Nachdenken über die zu gestaltende Lernsituation entschieden werden. Unterrichtsmethoden sind daraufhin zu prüfen,

- ob sie die Merkmale und Struktur des Lerngegenstandes angemessen berücksichtigen und bei der Umwandlung von Sachstrukturen und Lernstrukturen eine adäquate Korrespondenz zwischen Lernprozessen (kognitiven Strukturen und Operationen) und der inhaltlichen Struktur des Lerngegenstandes herstellen;
- ob sie den unterschiedlichen Lernvoraussetzungen der Schüler entsprechen;

- ob die Strukturierung der sozialen Beziehungen, die durch die jeweilige Methode erfolgt, im Sinne der allgemeinen Zielsetzung ist;
- ob sie durch den Lehrer überhaupt handhabbar sind, d.h. seiner Persönlichkeit, seinem Vorwissen, seinen Präferenzen und seinen Grenzen entsprechen;
- ob die notwendigen organisatorischen Voraussetzungen erfüllt sind wie räumliche Gegebenheiten, Gruppenräume, Medien, Unterrichtsmaterial;
- wie ihre aktuellen Wirkungen durch Methodenwechsel und -kombination in Verbindung mit geeigneten Medien gesteigert werden und unterschiedliche Lernvoraussetzungen der Schüler besser berücksichtigt werden können;
- ob sie langfristig zur »Freisetzung der Schüler« beitragen, d.h. die Entwicklung der Fähigkeit zum selbst bestimmten, selbst gesteuerten Lernen unterstützen.

Artikulation des Unterrichts

Unterricht wird oftmals in verschiedene Unterrichtsphasen gegliedert. Diese Teilung in eine zeitliche bzw. thematische Abfolge der Lehr- und Lernaktivitäten nennt man *Artikulation*. In einem Unterrichts- oder Artikulationsschema wird die zeitlich-sequentielle Organisation des Vermittlungs- und Aneignungsprozesses modellartig strukturiert. Oft wird die Lehr-und Lernhandlung in verschiedene Phasen unterteilt. Ein einfaches Phasenmodell ist das folgende:

- Eine Phase, in der – von außen angeregt oder selbst bestimmt – ein Lernanlass oder Lernmotiv entdeckt wird, kann als *Phase der Motivation* bezeichnet werden. Es geht darum, Interesse an und Aufmerksamkeit für einen Lerngegenstand zu erwecken. Die Lernbereitschaft der Lernenden soll angeregt und ein Lernprozess angestoßen werden. Fehlt die Motivation der Lernenden, so kommt dieser Phase besondere Bedeutung zu.
- In einem zweiten Schritt kommt es zu Aufnahme und Verarbeitung ausgewählter Informationen, zur Lösung einer Denkaufga-

be, zum Erschließen von Beziehungen und zur Einsicht in Zusammenhänge, zum Erfassen von Bedeutungsgehalten und Sinnbezügen, zur Ausführung einer Handlung oder zum Erwerb einer Fertigkeit. Man spricht von einer *Phase der Erarbeitung*.

• Dann werden die Erkenntnisse gesichert. Dabei wird der Lösungsweg wiederholt und ausgeführt und die Lösung auf verschiedene Fälle angewendet. Das Gelernte wird in Übungen gefestigt. Diese *Phase* wird als die der *Ergebnissicherung und Aneignung* bezeichnet.

Der Lernpsychologe Heinrich Roth (1965) hat durch eine Aufgliederung des Lernvorganges und eine Akzentuierung der einzelnen Lernschritte ein Artikulationsschema vorgelegt, das eine formale Systematik des methodischen Ganges des Unterrichts begründet:

»*1. Lernschritt (Stufe der Motivation): Ein Lernprozess wird angestoßen. Eine Aufgabe wird gestellt. Ein Lernmotiv wird entdeckt.*
2. Lernschritt (Stufe der Schwierigkeiten): Der Lehrer entdeckt die Schwierigkeiten der Aufgabe für den Schüler bzw. die kurzschlüssige oder leichtfertige Lösung des Schülers.
3. Lernschritt (Stufe der Lösung): Der Lehrer zeigt den Lösungsweg oder lässt ihn finden.
4. Lernschritt (Stufe des Tuns und Ausführens): Der Lehrer lässt die neue Leistungsform durchführen und ausgestalten.
5. Lernschritt (Stufe des Behaltens und Einübens): Der Lehrer sucht die neue Verhaltens- und Leistungsform durch Variation der Anwendungsbeispiele einzuprägen und einzuüben. Automatisierung des Gelernten.
6. Lernschritt (Stufe des Bereitstellens, der Übertragung und der Integration des Gelernten): Der Lehrer ist erst zufrieden, wenn das Gelernte als neue Einsicht, Verhaltens- oder Leistungsform mit der Persönlichkeit verwachsen ist und jederzeit zum freien Gebrauch im Leben zur Verfügung steht. Die Übertragung des Gelernten von der Schulsituation auf die Lebenssituation wird direkt zu lehren versucht.« (Roth 1959, zitiert nach Mohr 1966, S. 18f.; vgl. auch Roth 1965, S. 223ff.)

Bei der Planung einer Stunde wird die Lehrkraft durch genaue Auseinandersetzung mit Lehrinhalt und Struktur des Lernens eine differenzierte Schrittfolge für Lehr- und Lerntätigkeiten entwickeln.

Sozialformen des Unterrichts

*»Die sozialen Beziehungen im Unterricht werden, wenn der Lehrer
sie pädagogisch und didaktisch planvoll als Strukturmomente des
Lernprozesses versteht, zu Sozialformen des Unterrichts.«* (Hoof
1992, S. 154)

Im *Frontalunterricht* wendet sich die Lehrkraft an alle Schüler zugleich. Eine direkte Kommunikation der Schülerinnen und Schüler,
eine Kooperation ist nicht vorgesehen. Die Sitzordnung ist auf die
Lehrkraft ausgerichtet; die Schülerinnen und Schüler lernen nebeneinander. Frontalunterricht ist besonders für darbietende Lehrverfahren (Lehrer- oder Schülervortrag, Vortrag unter Einsatz von Fo-
lien oder Diapositiven, Filmvorführungen) geeignet. Frontalunterricht eignet sich gut für die Erklärung eines Sachverhaltes oder
eines Vorganges, zur Erläuterung von Lerntechniken, beim Trainieren eines Tanzes oder eines Musikstückes oder beim Übermitteln
persönlicher Erfahrungen und Meinungen (Meyer 1984, S. 30).
Ernst Meyer unterscheidet einen *eigenständigen* und einen *integrierten* Frontalunterricht. *Im eigenständigen Frontalunterricht* vermitteln Lehrer oder Schüler oder technische Medien direkt zwischen
dem Einzelnen innerhalb der Klasse und dem Unterrichtsgegen-
stand. Sie lenken die Gedankengänge der Schülerinnen und Schüler
»geradlinig auf ein festgelegtes Ziel« (Meyer 1984, S. 27). Die Lehrkraft (oder der Schüler) erscheint als Darbietende, Gestaltende,
Darstellende, Erklärende, Erzählende, Fragende, Informierende,
Steuernde, Kontrollierende, Bewertende; sie führt – oft auf selbst
vorgeplanten Wegen – an Einsichten heran. Der *integrierte Frontalunterricht* ist dagegen in eine Vielzahl problemlösender Aktivitäten
in unterschiedliche Sozialformen eingebunden. Meyer stellt heraus,
dass frontale Situationen notwendig seien, z.B. bei der Entwicklung
und Organisation von Aufgaben- und Problemsituationen, bei der

Formulierung von Frage- und Problemstellungen, beim Aufstellen von Hypothesen und bei deren Überprüfung sowie beim Systematisieren von Lösungen (1984, S. 75). Der Frontalunterricht steht in der Gefahr, zu einem wenig abwechslungsreichen und schematischen Vorgehen zu verkommen: Die meist verwendete Frage-Antwort-Methode bewirkt eine sehr schmale Gedankenführung; sie verhindert produktives, kreatives Denken. Frontalunterricht verführt die Lehrkraft dazu, schon dann einen gelungenen Lernprozess anzunehmen, wenn sie von einigen Schülerinnen und Schülern erwartete Antworten erhielt (vgl. Meyer-Willner 1979, S. 17ff.).

Gesprächsverfahren finden sehr oft auch im Klassenunterricht statt. Sie können nach dem Grad der Lenkung durch die Lehrkraft unterschieden werden. In stark *gelenkten Unterrichtsgesprächen* ist die Aktivität der Lehrkraft hoch. Auch wenn die Sitzordnung hufeisenförmig angeordnet ist oder die Schülerinnen und Schüler im Gesprächskreis sitzen, sind sie doch stark auf die Lehrkraft orientiert. In *freien Unterrichtsgesprächen* gelingt es den Kindern und Jugendlichen, sich gegenseitig anzuschauen, sich aufeinander zu beziehen und über Richtung und Fortgang des Gesprächs selbst zu entscheiden.

Unter *Einzelarbeit* verstehe ich alle Formen des Lernens, bei denen eine Schülerin oder ein Schüler ohne direkte Leitung durch die Lehrkraft bzw. Mithilfe durch andere selbsttätig und selbstständig arbeitet. Sie verhilft dem Kind oder dem Jugendlichen zur aktiven Lösung einer Aufgabe nach eigenem Tempo. Einzelarbeit zeigt sich als (stille) Alleinarbeit, in Übungsphasen, beim Bearbeiten von Lernaufgaben, beim Zeichnen und Malen, beim Anfertigen von Hausaufgaben und bei der Arbeit am Computer. Einzelarbeit wird auch bei Tests oder Klassenarbeiten praktiziert. Einzelarbeit geschieht oftmals als Phase im integrierten Frontalunterricht.»Von S. Arvidson stammt eine Unterteilung der Individualisierung in die drei Formen der Niveau-Individualisierung, der Lerntempo-Individualisierung und der Tiefen-Individualisierung. Während die *Niveau-Individualisierung* auf die verschiedenen Leistungsstufen der Schüler eingeht, berücksichtigt die *Lerntempo-Individualisierung* die unterschiedliche Zeit, welche Schüler für die gleiche Aufgabe benötigen. Mit *Tiefen-Individualisierung* bezeichnet Arvidson die Freisetzung des Schülers zu komplexer Eigentätigkeit, bei der sein Lernpotenzial und seine besonderen Interessen zur Geltung kommen.« (Hoof 1992, S. 165) Einzelarbeit im Rahmen von Selbstbildungsverfahren ist auf systematisch aufgebaute Lehrgänge angewiesen, die der Schülerin oder dem Schüler »die selbstständige Erreichung gesetzter Ziele gestatten. Das Material muss hier die sonst vom Lehrer ausgeübte Motivations-, Informations-, Steuer-, Kontroll- und Beratungsfunktion übernehmen.« (Meyer-Willner 1979, S. 74) Unter *Partnerarbeit* verstehe ich die zeitweilige Zusammenarbeit zweier Kinder bzw. Jugendlicher. Sie ist die am leichtesten einzurichtende Form des Miteinander-Lernens. Dabei arbeiten je zwei Schüler/innen an einem gemeinsamen Arbeitsplatz, oft ohne dass Tische oder Stühle umgeräumt werden müssen. Wichtig ist eine klare Arbeitsanweisung durch die Lehrkraft, das Vorhandensein von Arbeitsmitteln und die Vermittlung von Arbeitstechniken. Bei der Partnerarbeit können sich die Schüler/innen gegenseitig etwas diktieren, etwas abfragen, gemeinsam an einer Aufgabe lernen, zu zweit ein Experiment durchführen, gemeinsam etwas anfertigen (ein Bild, eine Skulptur, ein Modell, eine Reportage), miteinander an einem Computerprogramm lernen oder Verfahren üben. Dabei bestimmen die Schüler/innen ihren Arbeitsrhythmus, die Methode und die Anspruchshöhe ihrer Leistung. Als Vorzüge der Partnerarbeit werden die hohe Schüleraktivität, die »Leistungsüberlegenheit gegenüber der Einzelarbeit« (Nuhn 1995, S. 8) durch gegenseitige Anregung und mehr Einfälle, das Erzielen von Erfolgen und die Erziehung zu partnerschaftlichem Verhalten genannt. Partnerarbeit wird oftmals für ca. 10 bis 15 Minuten im integrierten Frontalunterricht oder bei Formen der »Freiarbeit« praktiziert. Neben der Partnerarbeit, die Kinder und Jugendliche mit ähnlichen Leistungsstärken und Interessen zusammenführt und die von den Schülerinnen und Schülern in der Regel bevorzugt wird (vgl. Nuhn 1995, S. 17), kann auch ein Helfersystem praktiziert werden.

Gruppenarbeit in Kleingruppen (aus drei bis fünf Schülerinnen und Schülern) kann zu unterschiedlichen Zwecken eingesetzt werden. Die Kleingruppe als *ständige Arbeits- und Sozialform (Tischgruppe)* übernimmt vielfältige Funktionen im Unterricht und im Sozialleben einer Schulklasse (vgl. auch Meyer-Willner 1979, S.

93ff.). Oftmals wird sie aus Jungen *und* Mädchen, Kindern verschiedener Muttersprache bzw. leistungsstärkeren *und* -schwächeren Schülern zusammengesetzt. Ad hoc werden vielfach Kleingruppen gebildet, um an bestimmten Aufgaben im Unterricht zu arbeiten. Kleingruppenarbeit wird im Rahmen des unterrichtlichen Gesamtverlaufs in verschiedenen Phasen eingesetzt. Die Kleingruppenarbeit kann *arbeitsgleich (themengleich)* oder *arbeitsteilig (themenverschieden)* erfolgen. Nach der Themenstellung oder Themenauswahl im Plenum wird die Aufgabe strukturiert. In der Gruppe wird ein Ergebnis erarbeitet und zusammengefasst. Im Plenum werden die Ergebnisse vorgetragen und es kommt zu einem anschließenden Gespräch oder zu Formen der Weiterarbeit (vgl. Meyer-Willner 1979, S. 67ff.). Kleingruppenarbeit ist Teil eines integrierten Frontalunterrichts. Frontale Situationen bleiben notwendig bei der »Planung und Koordination der Gruppenarbeit, zum Austausch, zur Systematisierung und Verarbeitung von Ergebnissen, zur gezielten Vermittlung von Zusatzinformationen, zu kritischen Nachfragen an die Gruppen, zu Korrekturen, Ergänzungen, Kontrollen und zur Gesamtevaluation einer gruppenunterrichtlich durchgeführten Unterrichtseinheit« (Gudjons 1993, S. 49). Kleingruppenarbeit kann auch im Rahmen geöffneten Unterrichts eingesetzt werden. Gudjons gibt Hinweise für die Aufgabenstellung:

»Erstens: Als Aufgabentypen für die Kleingruppenarbeit eignen sich vor allem das Analysieren, Konstruieren, Vergleichen, Kombinieren, Probieren, Kalkulieren, Entscheiden usw. – also solche Aufgaben, die statt einfacher reproduktiver Denkleistungen auf eine ›multivalente‹ Situation zielen, also mehrere Möglichkeiten enthalten und in mehrfacher Richtung auffordern. (…) Zweitens: Die Arbeitsaufträge sollen überschaubar sein und Arbeitsaufwand, Einzelaktivitäten und Ziel erkennen lassen. (…) Drittens: Arbeitsaufträge sollen nicht eine Abfolge von Lernschritten darstellen, sondern Lösungshinweise für Teilprobleme geben. (…) Viertens: In Arbeitsaufgaben sollen Entscheidungssituationen für die Gruppe angelegt und Anregungen für die Präsentation der Ergebnisse enthalten sein.« (Gudjons 1993, S. 28f.)

Nach Gudjons hat die Lehrkraft bei der Kleingruppenarbeit neue und andere Funktionen, nämlich initiierende, informierende, regulierende, bewertende und stimulierende (1993, S. 35f.). Waldemar Pallasch weist darauf hin, dass Erkenntnisse der Gruppendynamik herangezogen werden sollten, um Prozesse in der Kleingruppe besser zu verstehen.

>>*Das Verhalten der Gruppenmitglieder zueinander oder zum Gruppenleiter ist keineswegs immer nur mit rationalen Gründen zu erklären, vielmehr sind es vorbewusste bzw. unbewusste Faktoren, die die Verhaltensweisen mitsteuern, die auch von der Gruppe selbst nicht durchschaut werden. Mithilfe von Prozessanalysen und verschiedener Techniken der Soziometrie können diese Vorgänge näher bestimmt werden: Sie stellen sich als Phasen innerhalb des Gruppenprozesses dar, die jede Gruppe zwangsläufig zu durchlaufen hat. Man spricht in diesem Sinne von Phasen des Gruppenprozesses (…).*<<* (1993, S. 113)

Er stellt ein solches Phasenmodell (S. 147) vor. Die Vorteile des Kleingruppenunterrichts werden darin gesehen, dass er zu einer Erhöhung der Interaktionschancen und zur Förderung sprachlich gehemmter Kinder, zur Entwicklung der Fähigkeit kritischen Überprüfens von Inhalten und Gegebenheiten, zur Verstärkung produktiver und kreativer Prozesse und zur wechselnden Identifikation und Sensibilität für den anderen beitragen kann (vgl. Knapp, aufgeführt nach Gudjons 1993, S. 40). Gudjons setzt darauf, dass Kleingruppenarbeit Formen der Kooperation auf der Ebene des Arbeitsvorhabens und Kommunikation auf der Ebene sozialer Beziehungen befördern kann.

Unterrichtsmedien

Der Begriff Unterrichtsmedium löste in den 1970er-Jahren eine alte Terminologie (Unterrichtsmittel, Lehrmittel, Lernmittel, Arbeitsmittel) ab. Der Einsatz von Medien im Unterricht wird mehrfach begründet.

	Inhaltsebene	**Beziehungsebene**
1. Phase: Forming	Kennenlernen der Aufgabe	Einschätzen der Situation und Ab- hängigkeiten; Kennenlernen und Abtasten; Suchen nach Anhalts- punkten und Hilfen
2. Phase: Storming	Schwierigkeiten mit der Aufgabe; Wider- stand gegen die Auf- gabe	Es entstehen Konflikte innerhalb der Gruppe; Feindseligkeiten und Spannungen treten auf; Positions- kämpfe brechen auf; Untergrup- penbildung
3. Phase: Norming	Austauschen von In- formationen und In- terpretationen zur Aufgabenstellung	Harmonisierung der Beziehungen; Normen werden festgesetzt; Rol- lendifferenzierung; Teilnahme am Gruppengeschehen; Entwicklung eines Gruppenzusammenhalts
4. Phase: Performing	Arbeiten an der Auf- gabe; Auftauchen von Lösungen	Die funktionelle Rollenbezogenheit ist abgeschlossen; die Gruppe ist strukturiert und gefestigt; Konflikte werden gelöst; Kooperation wird möglich; informelle Kontaktnahme
5. Phase: Informing	Das Produkt (die Aufgabe) der Grup- pe wird nach außen getragen; ein Aus- tausch mit anderen Gruppen setzt ein	Die Gruppe ist stabil; sie nimmt Kontakt nach außen auf; Festigung der Gruppenidentität

(Vgl. Pallasch 1993, S. 114)

Neben *pragmatischen* Begründungen und solchen, die von *technolo-
gischer Faszination* getragen sind, wird in *didaktischen* Begründungen vor allem auf die Bedeutung von Medien für die Vermittlung
von Inhalten und für neue Formen der Strukturierung und Steuerung von Lernprozessen hingewiesen. Medien sollen dazu beitragen, den Unterricht zu optimieren. *Unterrichtstechnologische* Begründungen hoffen darauf, Lernprozesse und deren Steuerung auf
Medien übertragen zu können, z.b. durch Buchprogramme, multi-
medial aufgebaute Lerneinheiten, computerunterstützten Unter-

richt (CAI), computergeführten Unterricht (CBI) und voll integrierte Lernsysteme. Der Unterricht soll durch Medien effektiver werden. Im Rahmen *emanzipatorischer Zielsetzungen* soll Medienerziehung die Schülerinnen und Schüler dazu befähigen, visuelle, auditive und audiovisuelle Informationen im Sinne des Senders zu verstehen, neue Informations- und Kommunikationsformen zu entwickeln und Kriterien für die Auswahl und Bewertung von Medien (bezogen auf deren inhaltliche, technische und kommunikative Qualität) zu entfalten (vgl. Dichanz/Kolb 1974). Unter *Unterrichtsmedien* sollen Gegenstände begriffen werden, die in einem didaktischen Intentionszusammenhang Informationen auf visuellem, audialem oder audiovisuellem Wege vermitteln. Die Vermittlung zwischen Lernziel und Lernendem ist an ein Objekt übertragen.

Unterrichtsmedien besitzen eine Reihe von Merkmalen,

»die sie für didaktische Zwecke interessant werden lassen:
- *Verfügbarkeit: Sie fixieren und speichern unterrichtliche Informationen und machen deren Vermittlung unabhängig von einer lehrenden Person verfügbar.*
- *Reproduzierbarkeit: Sie machen so objektivierten Unterricht unabhängig von Raum und Zeit wiederholbar.*
- *Multiplizierbarkeit: Einmal gespeicherte und reproduzierbare Information lässt sich beliebig vervielfältigen, kann also einen beliebig großen Adressatenkreis erreichen.*
- *Ökonomie: Objektivierter Unterricht wird im Unterschied zu personal vermitteltem Unterricht umso billiger, je zahlreicher die Unterrichteten sind.*
- *Evaluierungsmöglichkeit: Beliebig wiederholbare Information lässt sich auf ihre Wirkungen hin überprüfen.*
- *Zweck-Mittel-Rationalität: So eröffnet sich rein theoretisch die Möglichkeit, objektivierten Unterricht so lange zu revidieren, bis er im Sinne bestimmter Ziele ein ›optimales‹ Mittel darstellt, diese Unterrichtszwecke so ökonomisch, rationell und erfolgreich wie möglich zu erreichen.«* (Henk-Riethmüller 1974, S. 188)

Bijan Adl-Amini (1994, S. 23ff.) gruppiert die Medien auf drei Ebenen. Auf der ersten Ebene ist das Medium ein *Hilfsmittel*, das *ziel- und inhaltsneutral* in jedem Unterricht eingesetzt werden kann. Das Medium fungiert hier als Darstellungs-, Demonstrations- oder Veranschaulichungsmittel (z.B. die Wandtafel). Das Medium steht im Funktionsrahmen einer Zweck-Mittel-Relation. Auf der zweiten Ebene sei das Medium selbst *Träger gestalteter Inhalte und Sinnzusammenhänge.* Ziele und Inhalte kommen im Medium selbst zur Darstellung (z.B. der Unterrichtsfilm). Das Medium stehe hier im Funktionsrahmen eines interaktiven Nachvollzugs von Sinn. Auf der dritten Ebene sei das Medium *geformtes Material.* Zwischen diesem und der geistigen Entwicklung des Kindes bestehe eine Affinität (z.B. Montessori-Material). Das Medium fungiere hier als Katalysator für geistige Formung.

Im Rahmen des Unterrichts werden verschiedene Medien eingesetzt. Solche, die im Rahmen darbietender Lehrverfahren wichtig sind, werden traditionell als *Lehrmittel* bezeichnet (z.B. Lehrbücher, Wandkarten, Transparente, Dia- und Tondiareihen, Lehrfilme, Programmes des Schulfunks und des Schulfernsehens, Tonbänder, Videokassetten). Solche, die im Rahmen der Lernaktivitäten der Schülerinnen und Schüler bedeutsam sind, nämlich *Lernmittel* (Bücher, Atlanten, Lexika, Arbeitsblätter, Experimentierkästen, Karteien) und Medien, die Produkte oder *Ergebnisse eines Lernprozesses* darstellen (z.B. Wandzeitung, Bild, graphische Darstellung, gedrucktes Buch). Der Einsatz von Medien verändert auch die Unterrichtspraxis.

Organisationsprinzipien des Unterrichts

Das Organisationsprinzip der Jahrgangsklasse verdanken wir Johann Amos Comenius (1592–1679). Es löste die Frage, wie Kinder und Jugendliche unabhängig von Geschlecht, Religion und Stand und in großer Zahl effektiv und ökonomisch unterrichtet werden können. Seit Ende des 19. Jahrhunderts kam die Annahme, dass bei einer Zusammenfassung der Schülerinnen und Schüler in Altersklassen eine gewisse Leistungshomogenität und Leistungsfähigkeit gegeben sei, in die Kritik und es wurden Wege gesucht, die Unterschiede zwischen lernenden Kindern und Jugendlichen zu berücksichtigen. Margret Fischer (1972) stellte diese systematisch zusammen und nannte u.a. folgende Versuche:

- Bildung leistungshomogener Gruppen (Fachklassen bei *A. H. Francke*; eingeschobene Episoden und Übungsklassen bei *J. F. Herbart*; Leistungsklassen bei *A. Sickinger*; Reifeklassen bei *A. Kern*),
- Veränderung der Schülergruppierung nach Jahrgang und Leistungsfähigkeit durch wechselnde Abteilungen (abteilender Gruppenunterricht bei *A. Huth*; Stammgruppen und Niveaukurse bei *P. Petersen*),
- Auflockerung des Klassenunterrichts (Gesamtgruppenunterricht bei *B. Otto*; freier, selbsttätiger Bildungserwerb bei *A. Ferriere* und *O. Decroly*; Selbstbildung bei *M. Montessori*),
- individualisierende Verfahren (individual work im Dalton-Plan von *H. Parkhurst* und im Winnetka-Plan von *C. Washburne*; Unterricht mit Selbstbildungsmitteln),
- gruppenunterrichtliche Verfahren (z.b. bei *H. Gaudig*).

»Differenzierung und Individualisierung kann (…) bezeichnet werden als das Bestreben, den Unterricht (die externen Bedingungen) an die internen Bedingungen eines Schülers oder einer Lerngruppe anzupassen. Dies kann durch die Variierung der Lehrziele, der Lehr-/Lernverfahren, der Lernmaterialien, der Lernhilfen, der Lernzeit erreicht (…) werden.« (Meyer-Willner 1979, S. 24)

Maßnahmen äußerer Differenzierung zielen darauf, möglichst homogene Gruppen zu bilden. Schätzt man die Heterogenität einer Gruppe, dann nutzt man zur individuellen Leistungsförderung Formen der inneren Differenzierung. Unter *innerer didaktischer Differenzierung* werden

»Maßnahmen verstanden, die dazu beitragen, den unterschiedlichen Fähigkeiten, Fertigkeiten, Interessen und Lernbedürfnissen der Schüler innerhalb einer Klasse oder Lerngruppe (Kurs) besser entsprechen zu können.« (Meyer-Willner 1979, S. 56)

Meyer-Willner unterscheidet zwei Grundformen der inneren Differenzierung, nämlich eine *Differenzierung durch Methoden und Medien bei gleichen Zielen und Inhalten* und eine *Differenzierung durch Variation der Inhalte und Ziele* (vgl. Meyer-Willner 1979, S. 61). Manfred Bönsch (1972) nennt acht Strukturformen innerer Differenzierung, nämlich nach *Arbeitsweisen* (z.b. Arbeit mit Büchern, Bildern, konkreten Gegenständen), nach *stofflichem Umfang und Schwierigkeiten*, nach *Lern- und Arbeitstempo*, nach *zeitlichem Umfang*, aus *sozialen Motiven* (z.b. Kooperation, Hilfen für Leistungsschwächere Schüler) und aus *sachlichen und methodischen Gründen* (z.b. Riegeneinteilung im Turnunterricht). Die Differenzierung kann sich an der einzelnen Schülerin (resp. dem einzelnen Schüler) orientieren und Verschiedenheit berücksichtigen, z.b. bei der Aufgabenstellung, bei der Wahl der Arbeitsmittel oder in den Arbeits- und Sozialformen. Sie kann sich aus sachlichen oder organisatorischen Notwendigkeiten oder aus übergeordneten Zielsetzungen ergeben. Der Klassenunterricht bildet den Bezugspunkt aller Differenzierungsmaßnahmen. Sie nehmen hier ihren Ausgang und finden hier ihr Ende. In Form von Metaunterricht wird die Notwendigkeit differenzierender Phasen erörtert, die Zielsetzungen mit den Schülerinnen und Schülern werden abgestimmt und die Erfahrungen aus der Differenzierungsphase ausgewertet und erörtert. Differenzierungsphasen können in jeder Phase des Lernprozesses sinnvoll sein; sie sind zeitlich zu begrenzen. Oftmals folgen Differenzierungsmaßnahmen (in Form von Phasen oder Stunden selbstständiger Schülerarbeit) dem Klassenunterricht.

Chancen und Probleme freier Arbeit

Freie Arbeit ist eine Hochform differenzierender und individualisierender Arbeitsverfahren. In der schulpädagogischen Literatur wird innere Differenzierung durch Formen geöffneten Unterrichts bzw. durch freie Arbeit oftmals empfohlen. Dabei kommen vor allem ihre Chancen in den Blick. Beispielhaft für eine solche Position sollen die Ausführungen von Werner G. Mayer vorgestellt werden. In seiner Konzeption freier Arbeit erteilen die Lehrkräfte ihren Unterricht orientiert an der Individuallage jedes einzelnen Kindes resp. Jugendlichen. Sie stellen Arbeitsmittel und -materialien für die Schülerinnen und Schüler bereit und fertigen differenzierte Arbeitspläne an. Der Klassenraum wird in eine »Lernlandschaft«, eine »Werkstatt« oder ein »Labor« umgewandelt. Mayer (1992, S. 25f.) nennt folgende Voraussetzungen:

- Umrüstung der Klassenräume in Arbeitsateliers;
- Einrichtung eines festen Gesprächskreises (Plenum mit großem Klassentisch und Bänken für alle Schülerinnen und Schüler der Klasse);
- feste Arbeitsplätze für die Schülerinnen und Schüler an Gruppentischen zur Einzel-, Partner- und Gruppenarbeit;
- Einrichtung von Funktionsbereichen für verschiedene Aktivitäten (Spielen, Bauen, Experimentieren, Lesen, Basteln, Drucken);
- Bereitstellen offener Regalsysteme, die gleichzeitig als Raumteiler funktionieren, zur Aufnahme von Arbeitsmitteln und »Schüler-Boxen«;
- Erstellen von Arbeitskarteien, Sachbüchern, Schülerbibliotheken, Übungsmaterialien.

Sowohl durch das Materialangebot als auch durch individuelle Arbeitspläne werden – so die Idee – Lernprozesse ausgelöst. Mayer (1992, S. 40ff.) setzt darauf, dass die Kinder durch freie Arbeit folgende Lernziele erreichen:

- *Information und Exploration*: Die Schülerinnen und Schüler beginnen, ein Materialangebot zu überblicken. Sie lernen verschiedene Ordnungssysteme (ihre Anwendungen, Vor- und Nachteile) kennen. Sie entwickeln die Fähigkeit, Informationen zu beschaffen (aus Büchern, Zeitschriften, Karteien, Lexika, Grafiken, Internet) und Materialien pfleglich zu benutzen.
- *Resolution*: Die Schülerinnen und Schüler treffen nach eigenen Interessen selbstständige Entscheidungen. Sie lernen, diese zu durchdenken, zu begründen, auszuführen und zu reflektieren.
- *Planung*: Die Schülerinnen und Schüler planen eigenständig; sie benutzen die erforderlichen Geräte und Werkzeuge sachgerecht.

- *Produktion*: Die Schülerinnen und Schüler versuchen sich darin, an vorbereitetem Arbeitsmaterial sach- und fachgerecht zunehmend selbstständig zu arbeiten.
- *Fertigkeiten und Kenntnisse*: Die Kinder eignen sich anhand der Arbeitsmittel Kenntnisse und Fertigkeiten an. Im Rahmen von Lehrgängen trainieren, üben und wiederholen sie.
- *Einübung von Arbeitstugenden (Schlüsselqualifikationen)*: Die Schülerinnen und Schüler entwickeln ihre Fähigkeit zur Konzentration, schulen ihre Arbeitshaltung (Leistungsbereitschaft, -wille, -fähigkeit, -freude) und üben sich in Selbstkontrolle, sie entfalten ein individuelles Zeit-Leistungs-Verhalten.
- *Kollation*: Die Schülerinnen und Schüler helfen sich und anderen. Sie erbitten und gewähren Hilfe, nehmen Rücksicht gegenüber anderen. Sie lernen, sich gegenseitig zu kontrollieren.
- *Kooperation*: Die Schülerinnen und Schüler erbringen durch Kooperation gemeinsame Leistungen.
- *Kommunikationsfähigkeit*: Die Schülerinnen und Schüler stellen ihre Erkenntnisse und Einsichten mündlich und schriftlich dar und tragen sie vor.

Der Autor geht davon aus, dass freie Arbeit die Kreativität der Schülerinnen und Schüler befördere und ihnen Selbstvertrauen und Selbstwertgefühl vermittele (1992, S. 42). Gleichwohl scheint auch er zu wissen, wie notwendig eine Einbindung der freien Arbeit in den Klassenunterricht ist. Wohl deswegen unterteilt Mayer (1992, S. 28) auch die freie Arbeit in »Phasen«.

- *Initiationsphase*: Planung im Kreisgespräch (Plenum) am Klassen-Tisch (Einführung, Planung, Beratung, Hilfe) – fragend-entwickelndes Verfahren (akro-amatische Methode),
- *Explorationsphase*: Beschaffung von Informationen, Sammlung von Material (auch als »Hausarbeit«), Bereitstellen von Werkzeugen und Geräten aus den Schüler-Fächern – Selbsttätigkeit der Schüler (deiktische, heuristische Methode),
- *Produktionsphase*: Ausführung der Arbeiten am festen Arbeitsplatz des Kindes oder in den wechselnden Funktionsbereichen (Einzel-, Partner-, Gruppenarbeit),

- *Diskussions- und Kontrollphase*: Vortragen und Vorzeigen der Arbeitsergebnisse am Klassentisch (Kreis) – »öffentliche« Kontrolle! Vergleichen der Arbeiten: Einschätzen und Begutachten im Klassengespräch (dialektische Methode),
- *Integrations- und Dokumentationsphase*: Einordnen der Arbeitsergebnisse in Schüler-Ordner. Komplettieren von Sammlungen und Karteien, Aufbau von Ausstellungen etc. – Selbsttätigkeit und Partner-, Gruppenarbeit der Schülerinnen und Schüler.

Ich möchte – nach dieser Zusammenfassung einer positiven Wertschätzung freier Arbeit – exemplarisch am Beispiel der Auseinandersetzung mit dem Dalton-Plan von Helen Parkhurst – auf deren Probleme eingehen.

Helen Parkhurst (1887–1959) legte mit ihrem Dalton-Plan eine Konzeption vor, bei der – basierend auf einem hoch differenzierten Materialangebot für alle Unterrichtsfächer, jede Schülerin (und jeder Schüler) nach einem ausführlichen, dem je individuellen Leistungsstand angemessenen Arbeitsplan lernt. Ihre Grundüberlegungen stellt sie in »Education on the Dalton Plan« (1922) genauer dar (vgl. Übersicht S. 155).

Im Dalton-Plan werden die Bildungsinhalte von der Lehrkraft verbindlich festgelegt; die Jugendlichen sind verpflichtet, ihr Monatspensum zu erfüllen. Frei sind sie dagegen im Verfügen über die eigene Zeit, über die Art der Stoffaneignung und über die Organisation ihres Lernens. Besuden (1955, 1976) verweist auf das »Scheitern des Dalton-Planes« in den USA. Als Ursachen nennt er, dass der Dalton-Plan sehr kostspielig war. Er erforderte die doppelte Zahl an Lehrkräften und exquisit eingerichtete Laboratorien. Er führte zu einer Überbeanspruchung der Lehrkräfte, z.B. durch den umfänglichen Kraftaufwand für das Anfertigen von Arbeitsanweisungen. Der Dalton-Plan überforderte auch die Schülerinnen und Schüler. Von den schriftlichen Arbeitsanweisungen gingen keine Impulse aus. Die Sprachpflege wurde vernachlässigt. Die Unterschiede zwischen den einzelnen Jugendlichen vertieften sich; ein gemeinsamer Unterricht wurde geradezu unmöglich. Oftmals wurden die Aufgaben nicht erledigt; erst vor Examensprüfungen kam es zum Pauken.

Traditioneller Unterricht in der Polemik von Helen Parkhurst	Dalton-Plan nach Helen Parkhurst
Jugendliche lernen im Rahmen einer Schulklasse	Die Schulklassen werden aufgelöst; die Jugendlichen lernen als Individuen
Lernen in der Schulklasse	Lernen in verschiedenen Laboratorien
Memorieren anhand von Büchern	Lernen anhand von Arbeitsmaterialien (Instrumenten, Modellen, Karten, Büchern, Apparaten); Entfaltung von Aktivitäten, Initiativen und Selbsttätigkeit
Der Unterrichtsprozess erfolgt orientiert an einem fiktiven Durchschnittsschüler; er ist kleinschrittig aufgebaut; alle Schülerinnen und Schüler lernen in den gleichen Schritten und im selben Tempo; gemeinsames Fortschreiten	Jeder lernt für sich allein und in seinem eigenen Tempo; das Pensum unterscheidet sich (Mindestprogramm, mittleres Programm, Höchstprogramm; Ergänzungs- und Vertiefungsangebote); individuelles Fortschreiten
Prinzip der Gleichheit	Prinzip der Individualität
Zeiteinteilung wird durch die Lehrkraft organisiert	Zeiteinteilung erfolgt durch die Schülerinnen und Schüler
Die Initiative liegt bei der Lehrkraft; Anleitung durch die Lehrkraft	Die Initiative liegt beim Jugendlichen; Anleitung durch einen Arbeitsplan
Klassenarbeiten zur Feststellung des Lernstandes	Übersichtskarten über das Fortschreiten der Jugendlichen

(Vgl. Besuden 1955; 1976)

Extrinsische Motivation (z.b. das Führen von Leistungsstandtabellen) wurde notwendig. Besuden stellt fest, dass das Ausprobieren des Dalton-Planes zu einer neuen Wertschätzung des Unterrichts im Klassenverband führte: »Die Unterrichtsmethode mit ihren Vorteilen der Einsparung von Lehrkräften, der Entwicklung mündlicher Ausdrucksfähigkeit und der Ausbildung von Gruppenbewusstsein ist entschieden die vorteilhaftere Methode für unser ge-

genwärtiges öffentliches Schulsystem‹, resignierte James, der den Dalton-Plan mit freudiger Bereitschaft durchprobiert hatte.« (Besuden 1955, S. 40) Diese Probleme finden sich auch dort, wo freie Arbeit konsequent praktiziert wird. Ursula Henk-Riethmüller (1974) zeigt auf, dass ein Problem individualisierter Lehr- und Lernverfahren darin besteht, dass diese den Kommunikations- und Interaktionsspielraum reduzieren. Die Reduktion beziehe sich einmal auf die Kommunikation und Interaktion zwischen der Lehrkraft und den einzelnen Schüler/innen, verliefen doch Begegnung und Austausch immer wieder nach dem gleichen Schema von Kontrolle, Darbietung neuer Informationen; Aufforderung, sich diese anzueignen und erneuter Kontrolle. Die Begegnung werde zu einer des Prüfens bzw. Geprüftwerdens. Die Schüler/innen untereinander hätten wenig Anlass, miteinander zu sprechen und gemeinsam zu handeln. Der Aufbau dauerhafter sozialer Beziehungen werde vereitelt.

Zum Weiterlesen:

Adl-Amini, B./Schulze, T./Terhart, E. (Hrsg.): Unterrichtsmethode in Theorie und Forschung. Weinheim und Basel 1993.

Geißler, G.: Das Problem der Unterrichtsmethode in der pädagogischen Bewegung. Weinheim/Berlin/Basel 1952.

Gudjons, H. (Hrsg.): Handbuch Gruppenunterricht. Weinheim und Basel 1993.

Meyer, H.: Unterrichtsmethoden. I. Theorieband. Frankfurt a.M. [2]1988.

Meyer, H.: Unterrichtsmethoden. II. Praxisband. Frankfurt a.M. [2]1989.

Meyer-Willner, G.: Differenzieren und Individualisieren. Bad Heilbrunn 1979.

Nuhn, H.-E.: Partnerarbeit als Sozialform des Unterrichts. Weinheim und Basel 1995.

Frauen- und Geschlechterforschung in der Schulpädagogik

Ich möchte – am Beispiel der Frauen- und Geschlechterforschung – auf die Ausdifferenzierung der Debatten in der Schulpädagogik eingehen. Ich gehe auf »Geschlecht als Strukturkategorie« ein und stelle die kontroversen Positionen der Frauen- und Geschlechterforschung in der Schulpädagogik vor.

Verschiedene konzeptionelle Ansätze der Frauen- und Geschlechterforschung

Ein Rückblick auf konzeptionelle Ansätze in der Frauen- und Geschlechterforschung zeigt, dass diese notorisch umstritten sind. In einer ersten Phase wurde darauf hingewiesen, dass die bestehenden soziologischen Kategorien nicht ausreichen, um die besondere Situation der Mädchen und Frauen, ihre gesellschaftliche, soziale und rechtliche Situation, einschließlich verschiedener Formen der Benachteiligung zu erfassen. Die Einführung der Unterscheidung von *sex* als biologischem und *gender* als sozialem und kulturellem Geschlecht reichte als Differenzierung geschlechtsspezifischer Forschungsansätze nicht aus; eine Kritik an dieser Unterscheidung betont, dass ihr die Annahme zugrunde liege,

»dass es jenseits aller kulturellen Prägung eine Natur der Geschlechter gibt, die in allen Kulturen (...) zum Ausdruck kommt« (Gildemeister/Wetterer 1992, S. 206).

Die Autorinnen kritisierten den latenten Biologismus der Gesamtkonstruktion sex/gender, wenn *biologisches* und *soziales Geschlecht* als binär vorhanden gefasst und zudem dem *biologischen Geschlecht weiblich* das *soziale Geschlecht weiblich* zugeordnet würde.

Auch *differenztheoretisch angelegte Theorieansätze*, die darauf zielten, die besonderen Erfahrungen von Mädchen und Frauen zu erfassen, z.b. das Konzept einer »weiblichen Moral« (Gilligan [2]1984), des »anderen Denkens« (Belenky u.a.[2]1991) oder das Konstrukt eines »geschlechtsspezifischen Arbeitsvermögens« (Beck-Gernsheim 1976; Ostner 1978) wurden als reduktionistisch, positivistisch und partikular kritisiert. Diese Erklärungsansätze legen Mädchen und Frauen hinsichtlich ihrer Orientierungen, Dispositionen und Fähigkeiten fest, unterstützen traditionelle Weiblichkeitsvorstellungen und transportieren Inhalte, die sich von herkömmlichen Weiblichkeitsstereotypen kaum unterscheiden. Eine polare Auslegung der Begriffe männlich – weiblich eröffne eine strukturelle Falle, denn in das Feststellen von Differenz ginge deren Konstruktion ein.

Eine Kritik an differenztheoretischen Konzepten wurde auf dem Hintergrund *konstruktivistischer* und *ethnomethodologischer* Überlegungen geführt. Nach Candace West und Don H. Zimmerman gibt es keine naturhaft vorgeschriebene Zweigeschlechtlichkeit, sondern nur verschiedene kulturelle Konstruktionen von Geschlecht. Sie schlagen eine Unterscheidung in *sex, gender* und *sex category* vor. *Sex* wird hierbei als Geburtsklassifikation betrachtet, beruhend auf einer sozialen Übereinkunft darüber, aufgrund welcher biologischer Kriterien ein Mensch als Mann oder Frau gilt. *Sex category* meint dagegen die soziale Mitgliedschaft in einer der beiden Kategorien, also Mann oder Frau. *Gender* umfasst alle jene Handlungen, die die Teilnahme an der jeweiligen sex category verdeutlichen. Nach Regine Gildemeister und Angelika Wetterer führt diese Unterscheidung zu analytischer Unabhängigkeit von körperlichem Geschlecht (sex), sozialer Zuordnung zu einem Geschlecht (sex category) und sozialem Geschlecht (gender) und trägt damit der Einsicht Rechnung, dass die soziale Konstruktion der Zweigeschlechtlichkeit nicht unmittelbar aus der biologischen Ausstattung resultiere (1992, S. 213). *Doing-gender* umfasst alle Tätigkeiten, die »Männlichkeit« und »Weiblichkeit« als Ausdruck der jeweiligen Natur erscheinen lassen. Dabei werden die geltenden Regeln von Macht und Hierarchie, von Dominanz und Unterwerfung vollzogen.

Die Kritik an der Konzeption von *Gender als sozialer Konstruktion in Interaktionsprozessen* wird wiederum problematisiert. Gudrun-Axeli Knapp betont, dass hier subjekttheoretische Reflexionen ebenso abwesend seien wie gesellschaftstheoretische Perspektiven. Daneben wird behauptet, dass »doing-gender« im Schwinden begriffen sei; an die Stelle trete das »undoing-gender«.

»*Und zwar in einem solchen Maße, dass sich für einige Bereiche von einer Neutralisierung und ganz generell von einer De-Institutionalisierung der Geschlechterdifferenz sprechen ließe.*« (Teubner/ Wetterer 1999, S. 14)

Ulrike Teubner und Angelika Wetterer verstehen Judith Lorbers Ansatz von *Gender als sozialer Institution* als neues Paradigma. Sie setzen darauf, dass vor dem Hintergrund von Theorien sozialer Ungleichheit eine Konzeption bereitgestellt wird, die gesellschaftliche Strukturen und soziales Handeln systematisch aufeinander bezieht.

»Gender *regelt die Sozialbeziehungen im Alltag wie auch die umfassenderen sozialen Strukturen wie soziale Klassen und die Hierarchien bürokratischer Organisationen (...). Die vergeschlechtlichte Mikrostruktur und die vergeschlechtlichte Makrostruktur reproduzieren und verstärken einander wechselseitig. Die soziale Reproduktion von* gender *in Individuen reproduziert auch die vergeschlechtlichte Gesellschaftsstruktur, konstruieren die Individuen doch, indem sie* gender-*Normen und -Erwartungen in der direkten Interaktion in Handeln umsetzen, die vergeschlechtlichten Herrschafts- und Machtsysteme.*« (Lorber 1999, S. 47)

Was ist eine Strukturkategorie?

Kategorien helfen beim Unterscheiden, Klassifizieren, Orientieren, Interpretieren und Verständigen. Handelt es sich um Strukturkategorien, dann sind sie tragender Bestandteil der Ordnung des Denkens und des Wissens.

Die Suche nach dem Stellenwert von »Geschlecht« bei der Analyse grundlegender Denktraditionen, Ordnungssysteme, Macht- und Ungleichheitsverhältnisse ist von der Hoffnung getragen, Ansätze zu deren Dekonstruktion und Veränderung zu entfalten. Barbara Rendtorff und Vera Moser betonen, dass die Kategorie Geschlecht zu den strukturierenden Elementen jedes menschlichen Gemeinwesens gehöre und darüber hinaus für jedes Individuum lebensgeschichtlich strukturierendes Element sei. Es gehe daher um die Auseinandersetzung mit Denkmodellen, Denkgewohnheiten und Denkbereitschaften. Erforderlich sei nicht Kritik, Kompensation oder Reparatur theoretischer Konzepte, sondern die »Analyse der gesellschaftlichen Entwicklungen und der Funktion, die die Konstruktion von Geschlecht und Geschlechterverhältnis darin« habe mit dem Ziel der »Rückgewinnung von Verantwortung« (1999, S. 40f.). Die Autorinnen gehen davon aus, dass die Erziehungswissenschaft die Aufgabe habe, ihren eigenen Beitrag bei Genese und Tradierung der Geschlechterverhältnisse aufzudecken. Erstens sei die Geschichte der Pädagogik und der Erziehung und Bildung unter der Perspektive ihres Beitrages zur Herausbildung, Tradierung und Unsichtbarmachung des Geschlechterverhältnisses zu lesen; zweitens ginge es darum, die fundierenden Theorien und Kategorien der Erziehungswissenschaft (u.a. Erziehung, Bildung, Sozialisation, Entwicklung, Lernen) unter dem Aspekt ihrer scheinbaren »Geschlechtsneutralität« zu problematisieren. Drittens sei nach der Beteiligung der Geschlechter innerhalb der pädagogischen Institutionen zu fragen. Hier ginge es – in empirischer Perspektive – um die Berücksichtigung von Mädchen und Jungen, Frauen und Männern in verschiedenen Erziehungs- und Bildungseinrichtungen.

Frauen- und Geschlechterforschung in der Schulpädagogik

Das ausgewiesene Bildungsprogramm der Schule zielt heute nicht mehr darauf, die Jungen zu Menschen und Bürgern und die Mädchen zu Menschen und Frauen zu erziehen. Stattdessen werden Konzeptionen »allgemeiner Bildung«, aber auch des Lernens, der

Entwicklung und Interaktion für beide Geschlechter reklamiert. Fragt man nach schulisch bedingten Ursachen der Benachteiligung der Mädchen bei der Einfädelung in den Beruf und in relevante Studienrichtungen (vgl. Lemmermöhle 1998, S. 74ff.), so werden verschiedene Antworten gegeben. *Die eine Sichtweise* geht davon aus, dass die Schule die Ordnung der Geschlechter eher übernehme denn erzeuge (vgl. Oelkers 1996, S. 33). Die Schule trage – basierend auf dem Programm allgemeiner Bildung und seiner Realisierung durch Koedukation – dazu bei, beide Geschlechter der gleichen symbolischen Ordnung des Raumes und der Zeit zu unterwerfen und ihnen die gleichen Inhalte in ein- und derselben Form zu vermitteln. Das pädagogische Projekt der Schule sei neutral. Um das Hineinwirken des Geschlechterverhältnisses in die Schule in seinen Wirkungen zu minimieren, wird auf ein Programm allgemeiner Bildung und der Befähigung zum Lernen gesetzt. Diese Position wird gestützt durch die Tatsache, dass Mädchen als Gewinnerinnen der Bildungsreform zu verstehen sind.

»In den Gymnasien sind Mädchen mit inzwischen ca. 52 Prozent in den alten und ca. 60 Prozent in den neuen Bundesländern überrepräsentiert, in den Sonder- und Hauptschulen sind sie unterrepräsentiert, unter den RealschülerInnen machen Mädchen gut die Hälfte aus. Unter den Jugendlichen, die ohne Abschluss die Schule verlassen, sind nur 35,1 Prozent Mädchen, unter denen mit allgemeiner Hochschulreife dagegen 53,4 Prozent.« (Vgl. Block/ Klemm 1997, S. 113, zitiert nach Lemmermöhle 1998, S. 71)

Die andere Position hebt auf den Beitrag der Schule zur Herstellung von Geschlechterungleichheit ab (vgl. Enders-Dragässer 1998). Dabei wird betont, dass das Konzept der Geschlechterneutralität, das den offiziellen schulpädagogischen Diskurs bestimme, den »heimlichen Lehrplan« der Diskriminierung der Mädchen verschleiere und die Thematisierung von Sexismen verhindere, die auch der Kultur der Gleichaltrigen eingeschrieben sei und in der Schule wirksam werde. Besonders in der »Koeduktionsdebatte« wurden die subtilen Mechanismen der Diskriminierung der Mädchen erhellt. Unter curricularer Perspektive wird verdeutlicht, dass in der Schule die Strukturen und Kulturen, die die Benachteiligung von Mädchen und Frauen in der Gesellschaft hervorbringen und festigen, meist unerörtert bleiben. Nach Marita Kampshoff und Elke Nyssen geht es der feministischen Schulforschung um die Fragestellung, »wie sich die gesamtgesellschaftliche Geschlechterhierarchie in der Schule manifestiert« und welche Bedeutung der Schule »für die Reproduktion, aber auch Infragestellung der bestehenden Geschlechterverhältnisse« (1999, S. 224) zukommt. Sie stellen das Selbstverständnis der Schule als geschlechtsneutrale Institution und das androzentrisch bestimmte Bild von Kindern und Jugendlichen infrage und verdeutlichen, dass feministische Schulforschung wesentliche Impulse von der Frauenbewegung und der interdisziplinär angelegten Frauenforschung erhielt. Ich gehe davon aus, dass auch die bildungssoziologische Ungleichheitsforschung (Effekte der Bildungsbe[nach]teiligung) von großer Relevanz war und ist. *Feministische Schulforschung* konzentriert sich auf die Problematisierung der Schule als geschlechtsneutraler Institution. Es wird Kritik entfaltet an der Hierarchie nach Geschlecht, an der Verteilung von Arbeit und Verantwortung innerhalb der Schule (auf der Ebene des Kollegiums, der Schulleitung und der Schulaufsicht). Curricula, Richtlinien und Lehrpläne, didaktische Materialien, Fibeln und Schulbücher werden in Bezug auf die Vermittlung von Geschlechterstereotypen kritisch analysiert. Die Kommunikations- und Interaktionsstrukturen kommen in den Blick. Anknüpfend an interaktionistischen Schultheorien wurde verdeutlicht, dass Mädchen und Jungen in der Schule unterschiedlich behandelt werden. Die Mädchen werden weniger beachtet; sie erhalten weniger positive und negative Beachtung; die Jungen dominieren den Unterricht. Die Mädchen erleben, dass sie »nur das zweite Geschlecht« sind (Nyssen 1995, S. 148). Selbst bei guten schulischen Leistungen gelingt es den Mädchen selten, ein positives Selbstbild und ein angemessenes Selbstbewusstsein zu entfalten; die Schule scheint die Identitätsprozesse von Mädchen zu beeinträchtigen (vgl. Horstkemper 1987, S. 216). Unter dem Stichwort des »heimlichen Lehrplans der Geschlechtererziehung« wird die Benachteiligung der Mädchen gefasst. In der Debatte über die Koedukation wird gerade über das Paradox diskutiert, dass das Geschlechterverhältnis – trotz scheinbarer Freiheit und Gleichheit – in der Schule zur Wirkung gelangt (vgl. Glumpler 1992; 1993; 1995). Es wird darauf hingewiesen, dass Mädchen und Jungen trotz (oder besser: aufgrund) koedukativer Erziehung z.b. eine unterschiedliche Leistungskurswahl in der gymnasialen Oberstufe treffen: Die Fächer Mathematik, Physik, Chemie, Erdkunde, Geschichte, Gemeinschaftskunde werden in höherem Maße von Jungen, Deutsch, Bildende Kunst, Sprachen in höherer Zahl von Mädchen gewählt. Darüber hinaus sind die Mädchen im dualen Ausbildungssystem unterrepräsentiert (vgl. Faulstich-Wieland/Nyssen 1998). Mädchen gelingt es nach wie vor nicht, sich ökonomisch, sozial und gesellschaftlich – ihren guten Bildungsabschlüssen gemäß – zu platzieren.

Zum Weiterlesen:
Behm, B.L./Heinrichs, G./Tiedemann, H. (Hrsg.): Das Geschlecht der Bildung – die Bildung der Geschlechter. Opladen 1999.
Faulstich-Wieland, H.: Geschlecht und Erziehung. Darmstadt 1995.
Glumpler, E. (Hrsg.): Erträge der Frauenforschung für die LehrerInnenbildung. Bad Heilbrunn 1993.
Jahrbuch für Pädagogik 1994. Geschlechterverhältnisse und die Pädagogik. Frankfurt a.M./Berlin/Bern/New York/Paris/Wien 1994.
Kaiser, A. (Hrsg.): FrauenStärken – ändern Schule. 10. Bundeskongress Frauen und Schule. Bielefeld 1996.
Kleinau, E./Mayer, C. (Hrsg.): Erziehung und Bildung des weiblichen Geschlechts. Eine kommentierte Quellensammlung zur Bildungs- und Berufsbildungsgeschichte von Mädchen und Frauen. Band 1 und 2. Weinheim 1996.
Kleinau, E./Opitz, C. (Hrsg.): Geschichte der Mädchen und Frauenbildung. Band 1 und Band 2. Frankfurt a.M./New York 1996.
Pfister, G. (Hrsg.): Zurück zur Mädchenschule? Pfaffenweiler 1988.

Literaturverzeichnis

Abels, H.: Die Schule als Feld soziologischer Forschung. In: Twellmann, W. (Hrsg.): Handbuch Schule und Unterricht. Band 3. Düsseldorf 1981, S. 268–290.

Adl-Amini, B.: Grundriß einer pädagogischen Schultheorie. In: Twellmann, W. (Hrsg.): Handbuch Schule und Unterricht. Band 7.1. Dokumentation. Düsseldorf 1985, S. 63–94.

Adl-Amini, B.: Systematik der Unterrichtsmethode. In: Adl-Amini, B./Schulze, T./Terhart, E. (Hrsg.): Unterrichtsmethode in Theorie und Forschung. Bilanz und Perspektiven. Weinheim und Basel 1993, S. 82–110.

Adl-Amini, B.: Medien und Methoden des Unterrichts. Donauwörth 1994.

Apel, H.J.: Theorie der Schule. Historische und systematische Grundlinien. Donauwörth 1995.

Apel, H.J./Grunder, H.-U.: Die Schulpädagogik – Selbstverständnis, Entstehung, Schwerpunkte schulpädagogischen Denkens. In: Dies. (Hrsg.): Texte zur Schulpädagogik. Weinheim/München 1995, S. 7–34.

Arbeitsgruppe Bildungsbericht am Max-Planck-Institut für Bildungsforschung: Das Bildungswesen in der Bundesrepublik Deutschland. Strukturen und Entwicklungen im Überblick. Vollständig überarbeitete und erweiterte Neuausgabe. Reinbek 1994.

Arbeitsgruppe Vorschulerziehung: Anregungen I: Zur pädagogischen Arbeit im Kindergarten. München 1973.

Arbeitsgruppe Vorschulerziehung: Anregungen III: Didaktische Einheiten im Kindergarten. München 1976.

Aschersleben, K.: Didaktik. Stuttgart, Berlin, Köln, Mainz 1983.

Aurin, K.: Beratung in der Erziehung. In: Twellmann, W. (Hrsg.): Handbuch Schule und Unterricht. Band 2. Düsseldorf 1981, S. 103–108.

Aurin, K.: Strukturelemente und Merkmale guter Schulen – worauf beruht ihre Qualität? In: Ders. (Hrsg.): Gute Schulen – worauf beruht ihre Wirksamkeit? Bad Heilbrunn [2]1991, S. 64–87.

Aurin, K.: Unterwegs zur staatlich geförderten Unübersichtlichkeit? – Das Strukturproblem des Sekundarbereiches I. In: Aurin, K./Wollenweber, H. (Hrsg.): Schulpolitik im Widerstreit. Brauchen wir eine »andere Schule«? Bad Heilbrunn 1997, S. 28–46.

Bargel, T.: Ergebnisse und Konsequenzen empirischer Forschungen zur Schulqualität und Schulstruktur. In: Melzer, W./Sandfuchs, U. (Hrsg.): Schulreform in der Mitte der neunziger Jahre. Opladen 1996, S. 47– 65.

Bargel, T./Kuthe, M.: Regionale Disparitäten und Ungleichheiten im Schulsystem. In: Zedler, P. (Hrsg.): Strukturprobleme, Disparitäten, Grundbildung in der Sekundarstufe I. Weinheim 1992, S. 41–103.

Beck-Gernsheim, E.: Der geschlechtsspezifische Arbeitsmarkt. Zur Ideologie und Realität von Frauenberufen. Frankfurt/M 1976.

Belenky, M.F./Clinchy, B.M.V./Goldberger, N.R./Tarule, J.M.: Das andere Denken. Frankfurt a.M./New York [2]1991 (1. Amerikanische Ausgabe 1986).

Benikowski, B.: Unterrichtsstörungen und Kommunikative Didaktik. Baltmannsweiler 1995.

Berghaus, H.C.: Sonderschulen. In: Bennack, J. (Hrsg.): Taschenbuch Sekundarschule. Baltmannsweiler 1995, S. 342–349.

Besuden, H.: Helen Parkhursts? Dalton-Plan in den Vereinigten Staaten. Oldenburg 1955.

Besuden, H.: Der Dalton-Plan Helen Parkhursts? In: ders. u.a.: Pädagogische Pläne des 20. Jahrhunderts. Bochum [4]1976, S. 10–39.

Bildungskommission NRW: Zukunft der Bildung. Schule der Zukunft. Denkschrift der Kommission »Zukunft der Bildung – Schule der Zukunft« beim Ministerpräsidenten des Landes Nordrhein-Westfalen. Neuwied/Kriftel/Berlin 1995.

Biller, K.: Unterrichtsstörungen. Stuttgart 1979.

Blankertz, H.: Die Sekundarstufe II. In: Enzyklopädie Erziehungswissenschaft. Band 9. Sekundarstufe II – Jugendbildung zwischen Schule und Beruf. Teil 1. Handbuch. Herausgegeben von H. Blankertz, J. Derbola, A. Kell, G. Kutscha. Stuttgart 1995, S. 321–339 (Originalausgabe 1982).

Bleidick, U.: Sonderschule. In: Enzyklopädie Erziehungswissenschaft. Band 8, Stuttgart/Dresden 1995, S. 269–287.

Block, R./Klemm, K.: Lohnt sich Schule? Aufwand und Nutzen: eine Bilanz. Reinbek 1997.

Bönsch, M.: Differenzieren des Unterrichts – Methodische Aspekte. München [2]1972.

Bönsch, M.: Unterrichtmethoden. In: Keck, R.W./Sandfuchs, U. (Hrsg.): Wörterbuch Schulpädagogik. Bad Heilbrunn 1994, S. 343–345.

Borchert, M./Maas, M.: Einleitung. In: Borchert, M./Maas, M. (Hrsg.): Freie Alternativschulen. Die Zukunft der Schule hat schon begonnen. Bad Heilbrunn 1998, S. 10–12.

Borchert, M./Maas, M. (Hrsg.): Freie Alternativschulen. Die Zukunft der Schule hat schon begonnen. Bad Heilbrunn 1998.

Bronder, D.J./Ipfling, H.-J./Zenke, K.G. (Hrsg.): Handbuch Hauptschulbildungsgang. Erster Band: Grundlegung. Bad Heilbrunn 1998.

Brumlik, M./Holtappels, H.G.: Mead und die Handlungsperspektive schulischer Akteure – interaktionistische Beiträge zur Schultheorie. In: Tillmann, K.-J.: Schultheorien. Hamburg 1987, S. 88–103.

Buhren, C.G./Rösner, E.: Gesamtschule – Eine Zwischenbilanz. In: Rolff, H.-G. u.a. (Hrsg.): Jahrbuch der Schulentwicklung. Band 9. Weinheim und München 1996, S. 261–306.

Burow, O.-A.: Wege aus der Berufsroutine? Zur Entwicklung einer Theorie der Veränderung »Persönlicher Paradigmen«. In: Dirks, U./Hansmann, W. (Hrsg.): Reflexive Lehrerbildung. Fallstudien und Konzepte im Kontext berufsspezifischer Kernprobleme. Weinheim 1999, S. 215–230.

Criblez, L.: Schultheorie I. Fragen an die Schule als Institution. Probleme, Entwicklungen, Tendenzen. Vorlesungsskript der Vorlesung im WS 1990/91 am Sekundarlehramt der Universität Bern. Bern 1991.

Dahmen, K./Breitenbach, D./Mitter, W./Wilhelmi, H.-H. (Hrsg.): Gesamtschulen in Europa. Ergebnisse eines europäischen Kolloquiums. Köln, Wien 1984.

Dauber, H.: Radikale Schulkritik als Schultheorie? Kulturrevolutionäre Perspektiven bei Freire und Illich. In: Tillmann, K.-J. (Hrsg.): Schultheorien. Hamburg 1987, S. 105–115.

Derbolav, J.: Auf der Suche nach einer mehrdimensionalen Schultheorie. In: Twellmann, W. (Hrsg.): Handbuch Schule und Unterricht. Band 1. Düsseldorf 1981, S. 27–44.

Deutscher Bildungsrat: Einrichtung von Schulversuchen mit Gesamtschulen. (1969) In: Ludwig, H. (Hrsg.): Gesamtschule in der Diskussion. Bad Heilbrunn 1981, S. 25–37.

Deutscher Bildungsrat: Strukturplan für das Bildungswesen (1970) In: Einsiedler, W.: Konzeptionen des Grundschulunterrichts. Bad Heilbrunn 1979, S. 71–79.

Dichanz, H./Kolb, G.: Mediendidaktik-Entwicklung und Tendenzen. In: Dichanz, H. u.a.: Medien im Unterrichtsprozess. München 1974, S. 16–41.

Diederich, J./Tenorth, H.-E.: Theorie der Schule. Ein Studienbuch zu Geschichte, Funktionen und Gestaltung. Berlin 1997.

Dietrich, T.: Geschichte der Pädagogik. 18.–20. Jahrhundert. Bad Heilbrunn 1970.

Einsiedler, W.: Schulpädagogik. Eine Einführung. 1. Schulpädagogischer Grundkurs. Donauwörth ³1978.

Einsiedler, W.: Zum Selbstverständnis des Grundschulunterrichts. In: Ders. (Hrsg.): Konzeptionen des Grundschulunterrichts. Bad Heilbrunn 1979, S. 7–32.

Einsiedler, W.: Lernmethoden. München 1981.

Einsiedler, W.: Schulpädagogik – Unterricht und Erziehung in der Schule. In: Roth, Leo (Hrsg.): Pädagogik. Handbuch für Studium und Praxis. München 1991, S. 649–657.

Enders-Dragässer, U.: Lernen im Dschungel des Lebens. Expeditionsberichte aus der Frauenforschung der Achtziger und Neunziger Jahre, Bundesrepublik Deutschland. Oldenburg 1998 (Oldenburger Vor-Drucke 349).

Faulstich-Wieland, H./Nyssen. E.: Geschlechterverhältnis im Bildungssystem – Eine Zwischenbilanz. In: Jahrbuch der Schulentwicklung. Band 10. Herausgegeben von H.-G. Rolff u.a. Weinheim und München 1998, S. 163–199.

Fend, H.: Theorie der Schule. München/Wien/Baltimore 1980.

Fend, H.: Was ist eine gute Schule? In: Tillmann, K.-J. (Hrsg.): Was ist eine gute Schule? Hamburg 1989, S. 14–25.

Fischer, M.: Die innere Differenzierung des Unterrichts in der Volksschule. Weinheim und Basel [10]1972.

Fischer, W.: Schule und kritische Pädagogik. Heidelberg 1972.

Fittkau, B./Rauer, W./Janowski, A.: Beurteilungshilfen für Lehrer. In: Twellmann, W. (Hrsg.): Handbuch Schule und Unterricht. Band 1. Düsseldorf 1981, S. 178–197.

Freire, P.: Pädagogik der Unterdrückten. Bildung als Praxis der Freiheit. Reinbek 1996 (1. deutsche Ausgabe Stuttgart 1970).

Freire, P.: Erziehung als Praxis der Freiheit. Berlin 1974.

Fröbel, F.: Die Menschenerziehung. Die Erziehungs-, Unterrichts- und Lehrkunst. Hrsg. von H. Holstein. Bochum 1973.

Fürstenau, P.: Zur Psychoanalyse der Schule als Institution. In: Pädagogisches Zentrum: Zur Theorie der Schule. Weinheim und Basel 1972, S. 9–26.

Gängler, H.: Hilfe. In: Krüger, Heinz-Herman/Helsper, Werner (Hrsg.): Einführung in die Grundbegriffe und Grundfragen der Erziehungswissenschaft. Opladen 1996, S. 131–138.

Gamm, H.-J.: Kritische Schule. Eine Streitschrift für die Emanzipation von Lehrern und Schülern. München 1970.

Garlichs, A./Knab, D./Weinert, F.F.: Ciel II. Fallstudie zu einem Förderprogramm der Stiftung Volkswagenwerk zur Elementarerziehung. Göttingen 1983.

Geißler, G.: Das Problem der Unterrichtsmethode in der pädagogischen Bewegung. Weinheim/Berlin/Basel 1952.

Giesecke, H.: Das Ende der Erziehung. Neue Chancen für Familie und Schule. Stuttgart 1996 (erw. Ausgabe von 1985).

Giesecke, H.: Pädagogik als Beruf. Grundformen pädagogischen Handelns. Weinheim und München [6]1997.

Giesecke, H.: Wozu ist die Schule da? Die neue Rolle von Eltern und Lehrern. Stuttgart 1996.

Giesecke, H.: Pädagogische Illusionen. Stuttgart 1998.

Gildemeister, R.: Die soziale Konstruktion von Geschlechtlichkeit. In: Ostner, I./Lichtblau, K. (Hrsg.): Feministische Vernunftkritik. Frankfurt a.M./New York 1992, S. 220–239.

Gildemeister, R./Wetterer, A.: Wie Geschlechter gemacht werden. Die soziale

Konstruktion von Zweigeschlechtlichkeit und ihre Reifizierung in der Frauenforschung. In: Knapp, G.-A./Wetterer, A. (Hrsg.): Traditionen. Brüche. Freiburg 1992, S. 201–254.

Gilligan, C.: Die andere Stimme. Lebenskonflikte und Moral der Frau. München/Zürich ²1984 (1. Amerikanische Ausgabe 1982).

Glumpler, E.: Frauenforschung in der LehrerInnenbildung. In: Dies. (Hrsg.): Mädchenbildung. Frauenbildung. Beiträge der Frauenforschung für die LehrerInnenbildung. Bad Heilbrunn 1992.

Glumpler, E. (Hrsg.): Erträge der Frauenforschung für die LehrerInnenbildung. Bad Heilbrunn 1993.

Glumpler, E.: Feministische Schulforschung. In: Rolff, H.-G. (Hrsg.): Zukunftsfelder von Schulforschung. Weinheim 1995, S. 133–156.

Grossmann, W.: Zur Geschichte der Vorschulpädagogik. In: Dollase, R. (Hrsg.): Handbuch der Früh- und Vorschulpädagogik. Düsseldorf 1978, S. 19–40.

Grossmann, W. (Hrsg.): Kindergarten und Pädagogik. Grundlagentexte zur deutsch-deutschen Bestandsaufnahme. Weinheim und Basel 1992.

Gudjons, H.: Die Hauptschule. Schulform ohne Zukunft? In: Pädagogik 6/1988, S. 41–45.

Gudjons, H.: Gruppenunterricht. Eine Einführung in Grundfragen. In: Ders. (Hrsg.): Handbuch Gruppenunterricht. Weinheim und Basel 1993, S. 12–53.

Günther, M.: Disziplinierte Schüler durch Verhaltensmodifikation? In: Ulich, K. (Hrsg.): Wenn Schüler stören. München/Wien/Baltimore 1980, S. 140–152.

Haenisch, H./Lukesch, H.: Ist die Gesamtschule besser? Gesamtschulen und Schulen des gegliederten Schulsystems im Leistungsvergleich. München/Wien/Baltimore 1980.

Haenisch, H.: Gute und schlechte Schulen im Spiegel der empirischen Schulforschung. In: Tillmann, K.-J. (Hrsg.): Was ist eine gute Schule? Hamburg 1989, S. 32–46.

Hamburger, F./Heck, G. (Hrsg.): Neue Schulen für die Kids. Veränderungen in der Sekundarstufe I. Opladen 1999.

Heidt, E.U.: Klassifikationsprobleme von Medien in Lehr- und Lernprozessen. In: Dichanz, H. u.a.: Medien im Unterrichtsprozeß. Grundlagen, Probleme, Perspektiven. München 1974, S. 210–244.

Heiland, H.: Friedrich Fröbel in Selbstzeugnissen und Bilddokumenten. Reinbek 1982.

Henk-Riethmüller, U.: Möglichkeiten der Individualisierung durch Medien. In: Dichanz, H. u.a.: Medien im Unterrichtsprozess. Grundlagen, Probleme, Perspektiven. München 1974, S. 187–209.

Hentig, H. von: Vorwort zur deutschen Ausgabe. In: Illich, I.: Entschulung der Gesellschaft. Mit einem Vorwort von H. von Hentig. München ²1972a.

Hentig, H. von: Cuernavaca oder: Alternativen zur Schule? Stuttgart, München ²1972b.

Hentig, H. von: Einführung zur deutschen Ausgabe. In: Rutter, M./Maughan, B./Mortimore, P./Ouston, J.: Fünfzehntausend Stunden. Schulen und ihre Wirkung auf die Kinder. Weinheim und Basel 1980, S. 9–24.

Hentig, H. von: Was ist eine humane Schule? München/Wien ⁷1987.

Hentig, H. von: Die Schule neu denken. München, Wien 1993.

Herrlitz, H.-G.: Wilhelm von Humboldt nicht mehr gefragt. In: Bohnsack, F. (Hrsg.): Kooperative Schule. Weinheim und Basel 1978, S. 11–24.

Herrlitz, H.-G./Hopf, W./Titze, H.: Deutsche Schulgeschichte von 1800 bis zur Gegenwart. Königstein/Ts. 1981.

Herrlitz, H.-G.: Geschichte der gymnasialen Oberstufe. Theorie und Legitimation seit der Humboldt-Süvernschen Reform. In: Enzyklopädie Erziehungswissenschaft. Band 9. Sekundarstufe II – Jugendbildung zwischen Schule und Beruf. Teil 1. Handbuch. Hrsg. von H. Blankertz, J. Derbola, A. Kell, G. Kutscha. Stuttgart 1995, S. 89–107 (Originalausgabe 1982).

Hillenbrand, C.: Didaktik bei Unterrichts- und Verhaltensstörungen. München 1999.

Holtappels, H.G./Rösner, E.: Schulen im Verbund. In: Jahrbuch der Schulentwicklung. Band 8. Herausgegeben von H.-G. Rolff, K.-O. Bauer, K. Klemm, H. Pfeiffer, R. Schulz-Zander. Weinheim und Basel 1994, S. 57–98.

Holtappels, H.G./Rösner, E.: Wie zeitgemäß ist die Gesamtschule? In: Gudjons, H./Köpke, A. (Hrsg.): 25 Jahre Gesamtschule in der Bundesrepublik Deutschland. Bad Heilbrunn 1996, S. 217–231.

Hoof, D.: Sozialformen. In: Hoof, D. (Hrsg.): Didaktisches Denken und Handeln. Eine Einführung in die Theorie des Unterrichts. Braunschweig 1992, S. 153–173.

Hopf, A.: Sozialpädagogik für Lehrerinnen und Lehrer. München 1997.

Horstkemper, M.: Schule, Geschlecht, Selbstvertrauen. Weinheim und München 1987.

Illich, I.: Entschulung der Gesellschaft. Eine Streitschrift. München 1995 (1. deutsche Auflage München 1972).

Illich, I.: Klarstellungen. Pamphlete und Polemiken. München 1996 (1. deutsche Auflage 1970).

Ingenkamp, K.: Sind Zensuren aus verschiedenen Klassen vergleichbar? In: Lichtenstein-Rother, I. (Hrsg.): Schulleistung und Leistungsschule. Bad Heilbrunn 1971.

Ingenkamp, K.: Die Messung und Bewertung des Lernerfolgs in der Schule. In: Twellmann, W. (Hrsg.): Handbuch Schule und Unterricht. Band 1. Düsseldorf 1981, S. 308–328.

Ipfling, H.-J./Lorenz, U.: Die Hauptschule. Materialien – Entwicklungen – Konzepte. Ein Arbeits- und Studienbuch. Bad Heilbrunn 1991.

Jank, W./Meyer, H.: Didaktische Modelle. Frankfurt a.M. 1991.

Jörg, H.: Unterrichtspraxis. Grundbegriffe und Grundfragen der Schulpädagogik und Allgemeinen Didaktik. Oberursel 1970.

Jürgens, E.: Orientierungsstufe – Entwicklungsstand und Perspektiven einer unbewältigten Reform. In: Bennack, J. (Hrsg.): Taschenbuch Sekundarschule. Baltmannsweiler 1995, S. 61–69.

Kaiser, A.: Die didaktische Struktur der gymnasialen Oberstufe. Entwicklungen nach der KMK-Reform von 1972. In: Enzyklopädie Erziehungswissenschaft. Band 9. Sekundarstufe II – Jugendbildung zwischen Schule und Beruf. Teil 1. Handbuch. Hrsg. von H. Blankertz, J. Derbola, A. Kell, G. Kutscha. Stuttgart 1995, S. 130–151 (Originalausgabe 1982).

Kampshoff, M./Nyssen. E.: Schule und Geschlecht(erverhältnisse) – Theoretische Konzeptionen und empirische Analysen. In: Rendtorff, B./Moser, V.: (Hrsg.): Geschlecht und Geschlechterverhältnisse in der Erziehungswissenschaft. Eine Einführung. Opladen 1999, S. 223–246.

Keck, R./Sandfuchs, U. (Hrsg.): Schulleben konkret. Zur Praxis einer Erziehung durch Erfahrung. Bad Heilbrunn 1979.

Keck, R./Sandfuchs, U. (Hrsg.): Wörterbuch Schulpädagogik. Bad Heilbrunn 1994.

Keim, W. (Hrsg.): Sekundarstufe I. Modelle, Probleme, Perspektiven. Königstein/Ts. 1978, S. 49–78.

Kemper, H.: Schultheorie und Schulreform. Von der Aufklärung bis zur Gegenwart. Königstein/Ts. 1985a.

Kemper, H.: Zur gegenwärtigen Situation der schultheoretischen Diskussion. In: Twellmann, W. (Hrsg.): Handbuch Schule und Unterricht. Band 7.1. Dokumentation. Düsseldorf 1985b, S. 45–62.

Kerschensteiner, G.: Theorie der Bildung. Berlin 1926.

Kiper, H.: Zur Stellung der Hauptschule im Bildungssystem In: Päd Forum 24/9. Jg., Nr. 2/1996, S. 138–146.

Kiper, H.: Selbst- und Mitbestimmung in der Schule. Das Beispiel Klassenrat. Baltmannsweiler 1997.

Kiper, H.: Vom »Blauen Engel« zum »Club der Toten Dichter«. Literarische Beiträge zur Schulpädagogik. Baltmannsweiler 1998.

Kiper, H.: Feminismus und Bildungsbegriff. Eine kritische Auseinandersetzung. Oldenburger Universitätsreden Nr. 104. Oldenburg 1999.

Klafki, W.: Didaktische Analyse als Kern der Unterrichtsvorbereitung. (1958) In: Didaktische Analyse. Auswahl. Grundlegende Aufsätze aus der Zeitschrift die Deutsche Schule. Hrsg. von H. Roth, A. Blumenthal. Hannover/Berlin/Darmstadt/Dortmund [10]1969, S. 5–34.

Klafki, W.: Gesamtschule. (1974) In: Ludwig, H. (Hrsg.): Gesamtschule in der Diskussion. Bad Heilbrunn 1981, S. 17–25.

Klafki, W.: Neue Studien zur Bildungstheorie und Didaktik. Weinheim und Basel 1985.

Klafki, W.: Von Dilthey bis Weniger – schultheoretische Ansätze in der geisteswissenschaftlichen Pädagogik. In: Tillmann, K.-J. (Hrsg.): Schultheorien.
Hamburg 1987a, S. 20–45.

Klafki, W.: Die bildungstheoretische Didaktik im Rahmen kritisch-konstruktiver Erziehungswissenschaft. Oder: Zur Neufassung der Didaktischen Analyse. In: Gudjons, H./Teske, R./Winkel, R. (Hrsg.): Didaktische Theorien.
Hamburg [4]1987b, S. 10–27.

Kleber, E.: Diagnose: In: Krüger, H.-H./Helsper, W. (Hrsg.): Einführung in die
Grundbegriffe und Grundfragen der Erziehungswissenschaft. Opladen
1996, S. 103–117.

Klemm, K./Rolff, H.-G.: Innere Schulreform im zweigliedrigen Schulsystem?
In: Pädagogik 7–8/1988, S. 87–90.

Klemm, K./Rolff, H.-G.: Der heimliche Umbau des Gymnasiums. In: Pädagogik 4/1989, S. 25–27.

Klink, J.-G.: Ort und Inhalt der Schulpädagogik (1966) In: Apel, H.-J./Grun-
der, H.-U. (Hrsg.): Texte zur Schulpädagogik. Weinheim und München
1995, S. 169–177.

Klippert, H.: Methodentraining. Übungsbausteine für den Unterricht. Weinheim und Basel [7]1998.

Köpke, A.: Reformbedarf statt Restaurationsbestrebungen. Zur aktuellen Ge-
samtschulkritik. In: Gudjons, H./Köpke, A. (Hrsg.): 25 Jahre Gesamtschule
in der Bundesrepublik Deutschland. Bad Heilbrunn 1996, S. 232–249.

Koller, G.: Schule als Arbeitsfeld des Lehrers. In: Gröscher, H. (Hrsg.): Die Bedeutung der Lehrerpersönlichkeit für Erziehung und Unterricht. München
1980, S. 79–93.

Koring, B.: Grundprobleme pädagogischer Berufstätigkeit. Bad Heilbrunn
1992.

Kramp, W.: Studien zur Theorie der Schule. München 1973.

Kron, F.W.: Grundwissen Didaktik. München/Basel [2]1994.

Lemmermöhle, D.: Geschlechter(un)gleichheiten und Schule. In: Oechsle, M./
Geissler, B. (Hrsg.): Die ungleiche Gleichheit. Opladen 1998, S. 67–86.

Lenzen, D.: Pädagogik-Erziehungswissenschaft. In: Ders. (Hrsg.): Pädagogische Grundbegriffe. Band 1 und 2. Reinbek 1989, S. 1105–1117.

Leschinsky, A./Roeder, P.M.: Gesellschaftliche Funktionen der Schule. In:
Twellmann, W. (Hrsg.): Handbuch Schule und Unterricht. Band 3. Düsseldorf 1981, S. 107–154.

Leschinsky, A.: Dezentralisierung im Schulsystem der Bundesrepublik
Deutschland. In: Zedler, P. (Hrsg.): Strukturprobleme, Disparitäten,
Grundbildung in der Sekundarstufe I. Weinheim 1992, S. 21–40.

Lorber, J.: Gender-Paradoxien. Opladen 1999.

Lorenz, J.H.: Diagnostik. In: Heckt, D.H./Sandfuchs, U. (Hrsg.): Grundschule
von A bis Z. Braunschweig 1993, S. 31/32.

Ludwig, H.: Vorwort des Herausgebers. In: Ludwig, H. (Hrsg.): Gesamtschule in der Diskussion. Bad Heilbrunn 1981, S. 7–15.

Maas, M.: Geschichte, Mythen und Erfolge der Alternativschulbewegung. Versuch einer selbstkritischen Zwischenbilanz. In: Borchert, M./Maas, M. (Hrsg.): Freie Alternativschulen. Die Zukunft der Schule hat schon begonnen. Bad Heilbrunn 1998, S. 15–35.

Mandl, H.: Schuleingangsdiagnose. In: Twellmann, Walter (Hrsg.): Handbuch Schule und Unterricht. Band 2. Düsseldorf 1981, S. 215–224.

Martial, I. von: Einführung in didaktische Modelle. Baltmannsweiler 1996.

Mayer, W.G.: Freie Arbeit in der Primarstufe und in der Sekundarstufe bis zum Abitur. Heinsberg 1992.

Meyer, E.: »Frontalunterricht«. Frankfurt a.M. 1984.

Meyer, H.: Unterrichtsmethoden. I. Theorieband. Frankfurt a.M. [2]1988.

Meyer, H.: Unterrichtsmethoden. II. Praxisband. Frankfurt a.M. [2]1989.

Meyer, H.: Schulpädagogik. Berlin 1997.

Meyer, H./Junghans, C./Vogt, D.: Schulpädagogik. Band I. Für Anfänger. Berlin 1997.

Meyer-Willner, G.: Differenzieren und Individualisieren. Bad Heilbrunn 1979.

Meyer-Willner, G.: Disziplin. In: Keck, R.W./Sandfuchs, U. (Hrsg.): Wörterbuch Schulpädagogik. Bad Heilbrunn 1994, S. 79–80.

Miller, R.: Beziehungsdidaktik. Weinheim und Basel [2]1998.

Minsel, W.-R./Howe, J.: Lehrer, Eltern und Schüler »machen« Schule. In: Twellmann, W. (Hrsg.): Handbuch Schule und Unterricht. Band 2. Düsseldorf 1981, S. 319–342.

Mitter, W.: Die amerikanische High School und die sowjetische Einheitsschule. In: Bernischer Lehrerverein (Hrsg.): Gesamtschule. Praktische Aspekte der inneren Schulreform. Bern/Stuttgart 1972, S. 69–94.

Mohr, K.: Methodische Gestaltung des Unterrichts. München, Frankfurt, Berlin, Hamburg, Essen 1966 (2. Auflage).

Muck, M./Muck, G.: Bis auf Freud zurück – die Psychoanalyse der Schule als Institution. In: Tillmann, K.-J. (Hrsg.): Schultheorien. Hamburg 1987, S. 72–87.

Nuhn, H.-E.: Partnerarbeit als Sozialform des Unterrichts. Weinheim und Basel 1995.

Nyssen, E.: Schule als Institution: Bildung für alle? In: Dies./Schön, B. (Hrsg.): Perspektiven für pädagogisches Handeln. Eine Einführung in Erziehungswissenschaft und Schulpädagogik. Weinheim und München 1995, S. 101–153.

Nyssen, E./Schön, B. (Hrsg.): Perspektiven für pädagogisches Handeln. Eine Einführung in Erziehungswissenschaft und Schulpädagogik. Weinheim und München 1995.

Oblinger, H.: Schulpädagogik. Eine Einführung. 2. Theorie der Schule. Donauwörth o.J.

Oelkers, J.: Reformpädagogik. Eine kritische Dogmengeschichte. Weinheim und München 1989.

Oelkers, J.: Schulreform und Schulkritik. Würzburg 1995.

Oelkers, J.: Schultheorie und Schulkritik. Vorlesung im Wintersemester 1995/96. Manuskript. Bern 1996.

Ostner, I.: Beruf und Hausarbeit. Die Arbeit der Frau in unserer Gesellschaft. Frankfurt a.M./New York 1978.

Pallasch, W.: Gruppendynamische Hilfen bei der Kleingruppenarbeit. In: Gudjons, H. (Hrsg.): Handbuch Gruppenunterricht. Weinheim und Basel 1993, S. 111–123.

Pandel, H.-J.: Vom Nutzen und Nachteil der Allgemeinen Didaktik für die Geschichtsdidaktik – Zum wissenschaftstheoretischen Standort der Geschichtsdidaktik. In: Reinhardt, S./Weise, E. (Hrsg.): Allgemeine Didaktik und Fachdidaktik. Weinheim 1997, S. 13–36.

Peterßen, W.H.: Kleines Methoden-Lexikon. München 1999.

Popp, W.: Die Funktion von Modellen in der didaktischen Theorie. In: Dohmen, G./Maurer, F./Popp, W. (Hrsg.): Unterrichtsforschung und didaktische Theorie. München [2]1972, S. 49–60.

Prell, S.: Evaluation und Selbstevaluation. In: Roth, L. (Hrsg.): Pädagogik. Handbuch für Studium und Praxis. München 1991, S. 869–879.

Purkey, L./Smith, M.S.: Wirksame Schulen – ein Überblick über die Ergebnisse der Schulwirkungsforschung in den Vereinigten Staaten. In: Aurin, K. (Hrsg.): Gute Schulen – worauf beruht ihre Wirksamkeit? Bad Heilbrunn [2]1991, S. 13–45.

Rehfus, W.D.: Bildungsnotstand. Stuttgart [2]1997.

Rein, W.: Pädagogik im Grundriß. Leipzig [3]1900.

Rendtorff, B./Moser, V.: Geschlecht als Kategorie – soziale, strukturelle und historische Aspekte. In: Dies. (Hrsg.): Geschlecht und Geschlechterverhältnisse in der Erziehungswissenschaft. Eine Einführung. Opladen 1999, S. 11–68.

Retter, H.: Reform der Schuleingangsstufe. Bad Heilbrunn 1975.

Retter, H./Nauck, J./Ohms, R.: Orientierungsstufe – Schule zwischen den Fronten. Braunschweig 1985.

Richter, I.: Versuch macht klug. Rechtsprobleme bei der Verwirklichung gesellschaftspolitischer Alternativen im Bildungswesen. In: Goldschmidt, D./Roeder, P.M. (Hrsg.): Alternative Schulen? Gestalt und Funktion nichtstaatlicher Schulen im Rahmen öffentlicher Bildungssysteme. Stuttgart 1979, S. 63–98.

Richtlinien zur Aufstellung von Lehrplänen für die Grundschule (1921). In: Scheibe, W. (Hrsg.). Zur Geschichte der Volksschule. Band II. Bad Heilbrunn 1974, S. 59–66.

Roeder, P.M.: Einleitung. In: Goldschmidt, D./Roeder, P.M. (Hrsg.): Alternative Schulen? Gestalt und Funktion nichtstaatlicher Schulen im Rahmen öffentlicher Bildungssysteme. Stuttgart 1979, S. 11–50.

Roeder, P.M./Gruehn, S.: Geschlecht und Kurswahlverhalten. In: Z.f.Päd. 43. Jg., Nr. 6/1997, S. 877–894.

Rödler, K.: Vergessene Alternativschulen. Geschichte und Praxis der Hamburger Gemeinschaftsschulen 1919–1933. Weinheim und München 1987.

Rösner, E.: Die Realschule. Wandel zum neuen Basisbildungsgang? In: Pädagogik 1/1988, S. 48–51.

Rösner, E.: Abschied von der Hauptschule. Folgen einer verfehlten Schulpolitik. Frankfurt a.M. 1989.

Rösner, E.: Auswege aus der Hauptschulkrise? – Alternative Strukturen – neue pädagogische Handlungsfelder. In: Bronder, D.J./Ipfling, H.-J./Zenke, K.G. (Hrsg.): Handbuch Hauptschulbildungsgang. Erster Band: Grundlegung. Bad Heilbrunn 1998, S. 55–71.

Rolff, H.-G.: Strukturelle Probleme der Sekundarstufe I angesichts veränderten Schulwahlverhaltens und wachsender Schülerzahlen. In: Arbeitsgruppe Entwicklung des Bildungswesens der Deutschen Gesellschaft für Erziehungswissenschaft (Hrsg.) Strukturprobleme, Disparitäten, Grundbildung in der Sekundarstufe I. Weinheim und München 1992, S. 105–130.

Rolff, H.-G.: Entwicklung von Einzelschulen: Viel Praxis, wenig Theorie und kaum Forschung – Ein Versuch, Schulentwicklung zu systematisieren. In: Jahrbuch der Schulentwicklung. Band 10. Herausgegeben von H.-G. Rolff, K.-O. Bauer, K. Klemm, H. Pfeiffer. Weinheim und München 1998, S. 295–326.

Roth, H.: Pädagogische Psychologie des Lehrens und Lernens. Hannover, Berlin, Darmstadt, Dortmund [8]1965.

Roth, H.: Erziehungswissenschaft, Erziehungsfeld und Lehrerbildung. Hannover/Berlin/Darmstadt/Dortmund 1967.

Rumpf, H.: Die übergangene Sinnlichkeit. Drei Kapitel über Schule. Weinheim und München [3]1988.

Rutter, M./Maughan, B./Mortimore, P./Ouston, J.: Fünfzehntausend Stunden. Schulen und ihre Wirkung auf die Kinder. Weinheim und Basel 1980 (1. englische Ausgabe London 1979).

Sacher, W.: Prüfen – Beurteilen – Benoten. Bad Heilbrunn 1994.

Sander, T./Rolff, H.-G./Winkler, G.: Die demokratische Leistungsschule. Hannover/Berlin/Darmstadt/Dortmund 1967.

Sandfuchs, U.: Die Orientierungsstufe als Kompromiß im Dissens um die Organisationsstruktur des Schulsystems. In: Melzer, W./Sandfuchs, U. (Hrsg.): Schulreform in der Mitte der 90er Jahre. Opladen 1996, 87–101.

Scheibe, W.: Die Reformpädagogische Bewegung 1900–1932. Eine einführende Darstellung. Weinheim und Basel [3]1972.

Scheibe, W.: Zur Geschichte der Volksschule. Band II. Bad Heilbrunn [2]1974.

Schlee, J.: Veränderung Subjektiver Theorien durch Kollegiale Beratung und

Supervision (KoBeSU). In: Schlee, J./Mutzeck, W. (Hrsg.): Kollegiale Supervision. Modelle zur Selbsthilfe für Lehrerinnen und Lehrer. Heidelberg 1996, S. 149–167.

Schulze, T.: Aussichten für eine Theorie der Unterrichtsmethode. In: Adl-Amini, B./Schulze, T./Terhart, E. (Hrsg.): Unterrichtmethode in Theorie und Forschung. Bilanz und Perspektiven. Weinheim und Basel 1993, S. 135–166.

Schwarzer, C./Posse, N.: Beratung. In: Weidenmann, Bernd u.a. (Hrsg.): Pädagogische Psychologie. München/Weinheim 1986, S. 631–666.

Spanhel, D./Hüber, H.-G.: Lehrersein heute – berufliche Belastungen und Wege zu deren Bewältigung. Bad Heilbrunn 1995.

Steindorf, G.: Einführung in die Schulpädagogik. Bad Heilbrunn [3]1976.

Steindorf, G.: Grundbegriffe des Lehrens und Lernens. Bad Heilbrunn 1981.

Stöcker, K.: Neuzeitliche Unterrichtsgestaltung. München 1960.

Struck, P.: Die Hauptschule. Geschichte, Krise und Entwicklungsmöglichkeiten. Stuttgart/Berlin/Köln/Mainz 1977.

Struck, P.: Pädagogik des Schullebens. München/Wien/Baltimore 1980.

Struck, P.: Neue Lehrer braucht das Land. Ein Plädoyer für eine zeitgemäße Schule. Darmstadt 1994.

Teubner, U./Wetterer, A.: Gender-Paradoxien: Soziale Konstruktion transparent gemacht. Eine Einleitung. In: Lorber, J.: Gender-Paradoxien. Opladen 1999, S. 9–29.

Terhart, E.: Lehr-Lern-Methoden. Weinheim und München 1989.

Terhart, E./Wenzel, H.: Unterrichtmethode in der Forschung: Defizite und Perspektiven. In: Adl-Amini, B./Schulze, T./Terhart, E. (Hrsg.): Unterrichtmethode in Theorie und Forschung. Bilanz und Perspektiven. Weinheim und Basel 1993, S. 12–56.

Thiele, H.: Unterrichtsmethoden: Lehr-/Lernverfahren und Lehr-/Lernstufen. In: Hoof, D. (Hrsg.): Didaktisches Denken und Handeln. Braunschweig 1992, S. 115–151.

Tillmann, K.-J. (Hrsg.): Was ist eine gute Schule? Hamburg 1989.

Timmermann, D.: Organisation, Management und Planung. In: Krüger, H.-H./Helsper, W. (Hrsg.): Einführung in Grundbegriffe und Grundfragen der Erziehungswissenschaft. Opladen 1996, S. 139–156.

Twellmann, W. (Hrsg.): Handbuch Schule und Unterricht. Band 1–5. Düsseldorf 1981.

Twellmann, W. (Hrsg.): Handbuch Schule und Unterricht. Band 6. Register/Glossar. Düsseldorf 1982.

Twellmann, W.: Handbuch Schule und Unterricht. Band 7.1 und 7.2. Düsseldorf 1985.

Twellmann, W. (Hrsg.): Handbuch Schule und Unterricht. Band 8.1 und 8.2. Düsseldorf 1986.

Ulich, K.: Normierung, Typisierung und Abweichung – oder: Warum die

Schule abweichendes Verhalten erzeugt. In: ders. (Hrsg.): Wenn Schüler stören. München, Wien, Baltimore 1980, S. 69–95.

Ulich, K.: Beruf Lehrer/in. Arbeitsbelastungen. Beziehungskonflikte. Zufriedenheit. Weinheim und Basel 1996.

Volck, G./Schneider, G.: Medieneinsatz zur Veränderung der Unterrichtspraxis. In: Dichanz, H. u.a.: Medien im Unterrichtsprozeß. Grundlagen, Probleme, Perspektiven. München 1974, S. 154–186.

Vollstädt, W.: Rahmenlehrpläne und Schulcurriculum. In: Rolff, H.-G. (Hrsg.): Zukunftsfelder von Schulforschung. Weinheim 1995, S. 297–325.

Weber, E.: Das Schulleben und seine erzieherische Bedeutung. Donauwörth 1979.

Wehnes, F.-J.: Einleitung: Zur historischen Dimension der Alternativen Schulen. In: Behr, M./Jeske, W.: Schul-Alternativen. Modelle anderer Schulwirklichkeit. Düsseldorf 1982, S. 10–36.

Wiater, W.: Zwölf Jahre bis zum Abitur? Positionen im Streit um die Verkürzung der gymnasialen Schulzeit. In: Melzer, W./Sandfuchs, U. (Hrsg.): Schulreform in der Mitte der neunziger Jahre. Opladen 1996, S. 121–139.

Winkel, R.: Alternative Schulen. In: Twellmann, W. (Hrsg.): Handbuch Schule und Unterricht. Band 3. Düsseldorf 1981, S. 629–642.

Winkel, R.: Der gestörte Unterricht. Bochum ³1983.

Winkel, R.: Antinomische Pädagogik und kommunikative Didaktik. Düsseldorf 1986.

Winkel, R. (Hrsg.): Schwierige Kinder – problematische Schüler. Fallberichte aus dem Erziehungs- und Schulalltag. Baltmannsweiler 1994.

Winkel, R.: Theorie und Praxis der Schule. Oder: Schulreform konkret – im Haus des Lebens und Lernens. Baltmannsweiler 1997.

Wittenbruch, W.: In der Schule leben. Stuttgart/Berlin/Köln/Mainz 1980.

Wollenweber, H.: Die Realschule in Geschichte und Gegenwart. Köln/Weimar/Wien 1997.

Zimmermann, W.: Ist die Stunde des Curriculums vorbei? Wege und Irrwege der Curriculumentwicklung in der Bundesrepublik Deutschland. In: Twellmann, W. (Hrsg.): Handbuch Schule und Unterricht. Band 8.1 Düsseldorf 1986, S. 107–121.